給不小心就想太多的你

49個正念禪語錄，擔心事瞬間消失

Google正念禪講師・宗教學者
松原正樹——著
楊玉鳳——譯

心配事がスッと消える禅の習慣

前言

拿起這本書的各位，應該是苦於「想太多」而希望能改變自己性格的人吧。還是殷切地想著，希望這本書中有能解決現今煩惱的線索？

不論是哪一種，一開始我都要送給各位一句話：「擔心也沒關係」。即便難以改變會冒出擔心的環境，但要放下擔心這樣的情緒，只要稍微改變一下思考模式以及生活習慣就能簡單做到，所以請放心。

我的祖父松原泰道是一位禪僧，他在一〇一歲去世前，留下了超過百本的著作。祖父是名傳道師，會以容易理解的語言來講述禪。我在二十七歲前往美國之前，都和他在東京港區三田的龍源寺一起生活，經常聽他傳道。

祖父有句常說的話：

「大家所說的擔心，是會讓心疼痛的憂慮。本來所謂的擔心是掛慮、關心他人的意思，不是憂慮，所以多擔心些也無妨。」

在此，若加上了我自己的解釋，就變成是：

「更加關心自己也無妨。可以更多重視自己一些。」

本書中，我會強力傳達給各位這樣的訊息。

想太多、愛擔心的人應該是太過在意還沒發生的事，而總是被牽著鼻子走，讓心感到疼痛吧。可是沒關係。只要讀了這本書，就能變得會關心自己，至今為止一直懷有的心痛感也會如輕煙般消失。

方法不只有一種，而是有各式各樣的方法可以放下「擔心」這個負面情緒。請務必從我所介紹的方法中，選取適合自己現在生活，或是容易理解的方法去實踐。

我是一名禪僧，所以告訴各位的很多方法都是以禪的解釋為基礎。

或許也有人一聽到「禪」，就會有一種印象，覺得會如「禪問答」般費解，其實這是很多人的誤解。

禪的思考方式本來就沒有很特別。

實現人間道理的生活方式就是禪的生活方式。

正因為這樣的生活方式是身而為人的根源，沒有偏頗，所以人在接觸到禪的時候，能簡單接受。

雖然難以用確切的語言表現，但活到現在，各位應該有碰過某些人，讓你能感受到他們的內心很堅強。這些人一直以來都是以簡單的方式來理解事物的本質並行動，不論碰到什麼樣的局面都不慌張、不騷動，泰然處之，使人們對他們這樣的表現深感尊敬，深感能那樣活著真好。

透過禪的生活方式，就能讓那些難以言說的事滲透到自己內心。一點一滴滲透後，你所憧憬的生活方式就會出現，讓自己漸漸不會被擔心與不安牽著鼻子走。若能有這樣的概念，接下來要說的話，就能輕易進到你心中。

我是禪僧，活動據點在美國，也是宗教學者，在大學教授日本佛教。我以認為「佛陀是架空人物吧？」的外國人為對象，每天的課題就是思考如何以簡單易懂的話告訴他們禪的道理，所以不會說得很難。

此外，我也有在進行正念相關活動。正念被 Google 公司採用做為員工進修而成為話題，因為這個機緣，我前往以 Goolgle 為首的各企業講授禪。所以我也多少知道在大企業中工作的人們有何煩惱、所求為何。本書中也有許多有助消除擔心的正念精華。

我在美國時締結了跨國婚姻，育有兩名女兒，至今接觸過許多不同的價值觀。隨著時間經過，我深深確信，禪的教誨能幫助人們好好生活。

我的生活方式並不平穩，但衷心希望我的話能對消除各位的擔心有點幫助。

禪僧・宗教學者　松原正樹

目錄

第二章
整理打掃心靈，就能消除一切不安

第三章

推薦禪生活，讓你能永遠安穩

第四章 不被擔心事牽著鼻子走，零後悔的生活方式

第五章
別害怕孤獨與死亡，直到人生最後都要活在當下

第一章

擔心事是你自己製造出來的

了解擔心的真面目，
如此一來，心情就會變輕鬆。

雖一言以蔽之是「擔心事」，但種類有各式各樣。自己與家人的健康狀況、金錢、職場或附近鄰居的人際關係等。人這種生物，只要活著，就會對現在發生的問題以及將來或許會發生的問題惴惴不安、煩惱不已。會有這樣的情緒是很理所當然的，所以我認為，人類為了活下去所學會的「自我防禦能力」，有著「危機管理能力」的性質。

不過這個性質若是變大，就會變成「想太多」，擔心這、擔心那，擔心過頭，讓活著這件事變得非得辛苦。

「想輕鬆生活、不用擔心各種事情。」

對於這麼想的人，我會先問一個問題：「讓你煩惱、擔心的事，是可以立刻處理的嗎？」

例如若是煩惱於「擔心老後的錢不夠用」，就試著思考一下現在能做些什麼。試著計算一下將來必須的金額，每個月需要存多少錢等，即便是瑣碎的事也有能應對的方法。

有解決方案的擔心事項，只要採取能具體解決的行動，心就會變輕鬆。可是現實中，如下方的例子應該是比較多的吧。

「擔心的事」有大半都是：「雖然有定存或保險等解決對策，但關於晚年還是擔心得不得了。房子的修補、孩子、看護、墓地，一想到這些就停不下來。」想像了一堆事——從現實中可以解決的事，到拿不出具體解決方案的事——陷入悶悶不樂、無法脫出的迴旋中。這正是擔心的本質。

擔心的狀態就是你的心針對自己無法控制的事情，而且不確定將來是否真的會發生問題的事，隨隨便便就不安起來。

不論花多少時間在擔心上，現實中什麼都沒有改變。只是徒增痛苦的時間罷了。

佛教中，所有的事物都有「原因」，也有「結果」。「原因」會因各式各樣的「緣」而改變型態成為「結果」。

你所懷抱的擔心也一定有「原因」。該原因有九成以上都不是實際能應對的問題，而是你「心的模樣」。

本書接下來將告訴大家禪的習慣，讓你的心不再為擔心事所煩惱。即便現今的環境與狀況沒有改變，只要改變心態，讓你煩惱的擔心事，就會令人難以置信地瞬間消失無蹤。

不要為妄想與執著所引起的擔心，
白白浪費了寶貴的人生時間。

「如果孩子沒考上高中怎麼辦？」

這可以說是所有父母共同的擔心。在偶然的一個瞬間中，突然掠過一陣擔心。這種情況很多人都有過，雖然只要在下個瞬間下定決心：「今晚要再一次和孩子好好談談關於考高中的事」就好，但又會想著：「最糟的是為了避免落榜而選擇其他容易上榜的學校，但孩子到底能不能開心上高中呢？如果唸得不情不願，成績會下滑，還可能交不到朋友……」。這麼一來，談話的方式就會變了。

人只要活著，自然會湧上各式各樣的情緒，擔心也是其中之一，擔心本身並非壞事。因為有著擔心，為了解決擔心的情緒而採取行動。原因與結果連結了起來，若因此解決擔心當然沒有任何問題。有問題的是，擔心過頭會產生執著。都還沒確定考試是否會失利，若就開始擔心成績、朋友，擔心就會沒完沒了。

一旦開始從猛然湧上的情緒中生出這也不是、那也不是的想法，禪將這種情況稱為「執著」。

擔心不苦，是執著生出了苦。

在這個時代中，人生有百年，但從悠久的歷史來看，百年若用尺規來表示，不過只有幾公釐。在這寶貴的人生時間中，若因自己腦中所描繪出的「妄想」，而自己引來痛苦，實在太浪費了。各位不這麼覺得嗎？

有句話是「一切唯心造」，意思就是各種現象全是由心所創造出來的。

即便是同樣的雨，對於農夫來說，是恩賜的雨，但對於預計要在河邊烤肉的人來說，下雨卻只會帶來困擾。就連讓人聽起來心情愉悅的鳥叫聲也是，在煩躁的日子中，聽起來就像是噪音。

發生的現象對所有人來說都是一樣的，不同的是人心靈的模樣。

心靈的模樣可以隨自己任意改變。

即便現今的狀況沒有任何一點改變，你也能在現在的狀況下，從痛苦中獲得解放，變得幸福。

禪語錄3

你所擔心的事，有九成都是自己製造出來的幻想。用「順其自然」一句話解決。

該怎麼樣才能放下擔心呢？有一則軼事可作為提示。

達摩大師是中國禪宗的開宗祖師，他以不倒翁的綽號廣為人知。有一天正在修行中的弟子慧可大師請求他說：「我很擔心，無法沉著冷靜下來，請幫我去除這分擔心。」結果達摩大師說：「你把那分擔心拿出來放這裡，我就幫你去除。」慧可大師聽了之後，突然意識到：「是啊。擔心是從心中生出的，根本沒有實體啊。」

沒錯。擔心並沒有實體。

試著思考一下會發現，原來我們花了非常多時間在沒有實體的東西上。從另一個角度來看，心靈被擔心奪走的期間，眼睛就完全看不到「當下」了。

若有了什麼擔心事，會把那當成很重要的大事而罔顧日常、四處亂竄，但白隱禪師（江戶時代中期的禪僧，復興了臨濟宗）的師父正受老人說過：「重要大事只有今日、當下的心。」

意思是，現今，將意識集中在這個當下才是重要大事。

禪總是把焦點放在當下，是「ＩＮＧ（正在進行式）」的思想，認為是每個當下串連成了現在。經常練習把心關注在持續行動的當下，就是放下擔心、吸引幸福的捷徑。

禪不喜歡停留在一件事上。若心被擔心奪走，很容易因為找不到答案，而長時間原地打轉，無法自由行動。為了讓自己從那樣被束縛的困境中獲得解脫，首先要找出答案。

魔法的語言就是「沒問題」「順其自然」。養成習慣，實際將這兩句話說出口，之後不再去想未來的事。

順其自然。只能順其自然。只要這麼說並放下擔心，就可以將朝向未來的眼光拉回現實。就算很討厭，也會將焦點放在眼前的事物上。

將「當下」變為「活著」的中心，面對人生的方式應該也會產生變化。敬請期待吧。

禪語錄4

在「現在，這個瞬間」
沒有一絲煩惱。
你正在呼吸，正在翻書。

無常。存在於世上之物、有形之物、意識、情感全都會變，不會有相同的瞬間，不會留下任何相同的東西。這世間總是在變。試著以這樣的想法來看世界，就能注意到當下這分時間的珍貴。

所謂的時間，是每個瞬間的點相連，看起來就像是一條線。請試著一一觀看以下的「點」。

••••••••••••••••••••••••••••••••••••

眼睛追著這些點看的瞬間，是再也不會回來的瞬間，在這個瞬間，我們也在迎接下一個瞬間。

你在當下這個瞬間正在**呼吸**。

你在當下這個瞬間正在**讀書**。

這些「瞬間」是不會再回來的。

我們活在時間這個概念中，但只要試著再深入觀察就會知道，我們是活在點之上。在瞬間這個點上，完全不會有相同的。只要把這個點想成是瞬間的交會，結果就是一期一會*。

把共度這瞬間的人與時間、在這瞬間做的工作與飲食想成是一期一會，你可能會突然領悟：不想浪費任何一個瞬間。在每個瞬間都會積極思考。

說不定也會有被負面情緒給攫住的時候，例如後悔浪費這瞬間在擔心上。可是這也是一期一會。若想要從中學到些什麼，就可以利用禪。

若能察覺到自己把貴重的瞬間浪費在虛妄的未來妄想，因擔心而揪心，在下一次機會中，或許就會覺得把這瞬間獻給擔心真是太浪費了。即便未來會發生什麼事，但對「現在、這個瞬間」來說，沒有任何一件事需要煩惱。

不論多麼掙扎，只能順其自然，或許像這樣的積極心態也是很必要的。

所謂的無常，就像是櫻花的開謝、年老等這類哀傷又脆弱的事物，總是離我們很近。

可是我希望大家能用積極的目光看待無常。

世間正因為有無常，我們才能成長；正因為有無常，不論多糟糕的狀況都會終結；正因為有無常，人生才很戲劇化；正因為有無常，所有的情緒才都是暫時性的。

以積極正面的態度看待無常，能成為讓人生好轉起來的原動力。

*註：一期一會，源自日本茶道的成語，意思是在茶會時領悟到這次相會無法重來，是一輩子只有一次的相會，所以賓主須各盡其誠意。可衍生指一生一次的機會，當下的時光不會再來，所以要懂得珍重。

別去珍視過去與未來。
以「赤子之心」度過每一天。

活得久了，就容易用自己的經驗去看事物，例如：「自己就是這樣的性格」「以前也曾有過相同的失敗」等。

當然，一個人所走過的過去，可說是形成了這個人獨一無二的人生寶藏，但若被過去所束縛，就難以活在當下。

「我很優柔寡斷，或許無法和之後要搬家過去的鄰居們好好相處。」

「我沒有毅力，或許和下一個職場也不合。」

若是以過去為基準來思考事物，就會陷入擔心的漩渦中。

即便過去曾經失敗，但不代表現在也會失敗。雖不是說要各位拋棄過去的記憶，但若執著於其中，就會不斷增加擔心的種子。

佛陀有著如下的教誨：

「不要追逐過去。不要夢想未來。大家都有各自決定好的時間。

所以應該要好好觀察一下就過去的事物、轉瞬即逝的事物，也就是現在。」

我每天都留意要以「嶄新的心靈」生活。所謂「嶄新的心靈」就是不受限於過去或未來，可說是「赤子之心」吧。

養成以「赤子之心」而活的習慣，自然會對「活著」這件事湧現感謝的心情，很神奇。早上醒來時，就能以「我是活著的！」這樣新鮮的心情度過每一天。

看到公園的樹木青蔥茂盛而感動，或是享受舒服的微風吹拂，感受生之喜悅。不要用「過去」這個濾鏡看世界，每天就會不斷發現，原來這世界竟滿是這些美麗的事物。

或許這就和剛出生的嬰兒對各種事物都感興趣一樣。

之所以會覺得下雨「很討厭」，是因為重疊在過去的經驗上來看今日的雨。不論是下雨天還是颳風日，「日日都是好日」。天氣沒有優劣之分。今天一天也無好無壞。

若能只是單純地看著今天這一天，如實接受，每天都會是好日。

用「赤子之心」看待每日的例行事項，你的視角就會被往後拉到「現在」，並感受到當下是非常新鮮且閃耀的瞬間。

禪語錄6

摘下在此前人生中培育出的、名為「經驗」的鏡片。

禪語中有句話是「柳綠花紅」。會認為「這不是理所當然的嘛！」的你是正確的。禪不會渲染眼前的光景，而是就這麼如實地看著。若你認為「只是這樣很簡單！」很可惜，這回你就錯了。

我們其實帶著有色鏡片，那是一直以來在人生中所培育而成，名為知識與經驗的鏡片。不論看些什麼，都會無意識地對焦在這鏡片上，很容易站在自己的立場做出解釋。

擔心就是一個很好的例子。因為自己有過「把某人當話題竊竊私語」的經驗，看到別人也在竊竊私語時，就會不安地覺得是否是在議論自己。

之所以會對郵件中的用字遣詞很敏感，是因為自己收到郵件時覺得對方的表現有些冷淡，所以感到不安，擔心自己有沒有做錯些什麼。

柳是綠的，花是紅的。看到楊柳時只看到其青蔥綠葉之美的人有多少呢？在想到柳是綠色的之前，鏡片會與過去對焦，是否就會讓你想起：「說到柳，也到幽靈會出沒的季節

了呢。」＊

只看著映現在眼中的事物，看來簡單，實則意外地難。可是若能做到這點，森羅萬象、世界中所有事物都會成為老師。

花是紅的。有紅色的花正盛開著。這個事實才是真理。「這朵紅花，正讓我們看見它最美麗的瞬間。然而這分美麗並不會永遠持續下去」。這分察覺，教會了我們這個世界是無常的。

「正因為有綠葉，這花的紅才看來如此美麗」，也就是說，這世界並非單靠一物就能成立，而是有某些支援、某些緣分才能成立。

接觸到禪的思考方式，就能提升心靈接收裝置的敏感度。若這麼比喻，或許會比較容易理解。

＊註：日本人認為，柳下聚陰，容易出現幽靈。

如實看待事物。首先從調整開始，然後從如實的姿態察覺真理，在不斷重複這舉動間，就會不斷提高接收裝置的敏感度。

世界上所有事物都是老師，其教誨會因接受者不同而改變各種形式。只要這麼想，無論如何都能在這世上生存下去。接收裝置的敏感度若提升了，就不會偏於其中一個鏡片，變得能看清楚世間事，最終，擔心能發芽的機會就會逐漸減少。

禪語錄7

所有痛苦都是肥皂泡泡，
總有一天一定會崩壞、消失。

除了擔心，佛教把憤怒、恐懼、不安、焦急、憎恨、忌妒等情緒，全都視之為苦。並非情緒本身是苦，而是對情緒的那分執著是苦。

被苦給束縛，人會陷入恍惚。在日本，恍惚這個詞給人的印象是把自己逼到極限，或是藉助藥物力量，沉醉於異次元中。

可是若直譯恍惚這個詞，其意思是「異常的精神狀態」，不論是被某人說的一句話擾亂心神，還是心靈深陷悲傷而封閉起來，這兩種都算是恍惚狀態。

若被痛苦的情緒牽著鼻子走，心靈就會陷入恍惚狀態，相對來說，也可以說心靈安穩、安定的狀態才是標準、正常的。人類情緒的內定值（基本設定）是安定，所以痛苦才會產生出恍惚狀態。

我們容易將「苦」這種情緒看成，不只會支配心，還會連帶支配全身，甚至支配「我整個人」。可是在我的想像中，身體經常都是被包在一個名為安定的薄紙中，痛苦湧現時，只會如肥皂泡泡般，突然浮現在臉的斜前方。

若執著於苦，或許肥皂泡泡會漸漸變大、膨脹，但不會包覆住身體，總有一天一定會消失。「啊！是在那裡啊！」若以這樣的心情來接受而不執著，就會很快消失。

不論怎麼說，泡泡都不會一直持續著，總有一天會消失，回歸到內定值的安定狀態。

這世界很無常，不會有同一個瞬間，也沒有永遠。

時間總是在變，人的心也不斷在變化。

不論是電車還是汽車，跑在長長的隧道中時，我們或許會以為途中的景色幾乎都沒有改變，但最終我們會看到微小的光，並到達出口。

有什麼擔心事時，或許我們會想著，這樣的狀態是否會永遠持續下去？自己是否無法逃脫？這個隧道是不是沒有出口？

但誠如沒有不會結束的夜晚那樣，也沒有不會結束的痛苦。

因此不論多麼苦惱、深陷於痛苦之中，都無須恐懼。我們會有痛苦的情緒，現在只是在恍惚狀態中。只要如實接受這樣的現實就好。

禪語錄8

鍛鍊心靈免疫力，過著不被任何人牽著鼻子走的生活。

「Let it go」，直譯就是「別在意」或是「放下」的意思，但誠如電影《冰雪奇緣》主題歌的知名歌詞那樣，也可以想成是「如實、真實」。

前面也寫到過，執著於情緒就會生出苦來，因此，每天面對湧現出來的情緒，抱持「Let it go」的心態很重要。

在禪的修行中教了我們「無」。但從我二十二歲進入修行道場一直到今日，始終都無法做到「無」。直到現在我才說得出口，其實我在修行中坐禪時，常會做意象訓練，想像和即將分手的女友間的對話與互動，準備迎戰近期內即將到來的那一天（失笑）。

日後，我真的被甩了，意象練習的效果很大，讓我能以平穩的心情度過，平靜到讓她忍不住問我：「你為什麼能這麼冷靜？」

一起修行的同伴中，有人會在腦中進行圍棋對戰。總之，人似乎沒辦法不去想些什麼，這是我察覺得出的結論。

人只要活著，眼睛看到什麼東西就會有反應、瞬間會有擔心閃過心間、連睡著時大腦都在運作著作夢。無的狀態即是命終之時。我們無法停下湧上的情緒與思緒。

可是，要將心保持在安定的狀態中，必須注意，別被情緒或思緒自我束縛。因此必須「Let it go」。

情緒或思緒就像倒水時造成的氣泡。只會讓人在一瞬間看到，一般很快就會消失無蹤。然而我們卻刻意撈起氣泡，為了不讓氣泡消失，費盡各種方法，所以變得很麻煩、複雜。是自己刻意把事情搞得複雜難辨的。

「對方都不回信啊。是不是有什麼不開心啊？」在此，若能將思考轉成「可能是有什麼事才無法立刻回信的吧」，Let it go，擔心的種子就不會發芽。若接下來又想著：「那樣的表現是不是很糟呢？是不是稍微表現出了責備的語氣呢？」不妨轉念想著：「等對方回信，就這樣吧」，Let it go 就好。

即便一開始很勉強，在逐漸習慣中，就能把那變成是自己思考的慣性而固定下來。如同身體的肌力訓練一樣，習慣很重要。

持續肌力訓練，肌肉會逐漸變得有力，同時基礎代謝也會提升，免疫力提高，就不太會感冒，能遠離疾病。

與此相同，我認為，將 Let it go 變為習慣，就能提高「心靈的免疫力」。

不論發生什麼都不為所動、生活上不會被他人牽著鼻子走的人，也可以說就是「心靈免疫力」高的人。

即便被擔心或不安等負面情緒所攫住，只要有「心靈的免疫力」，就比較容易放下。如果是從前，可能會因為過於擔心而有好幾天都睡不好覺，但藉由提升了心靈的免疫力，只要睡個一天就會回復，好像只要短暫地發個燒就能結束，在這之中，自然地就能「Let it go」。就像是這樣的感覺。

就像是即便到了六十歲、七十歲肌力訓練一樣有效般，「心靈的免疫力」也無關乎年齡，所有人都能進行鍛鍊。

即便無法控制湧上的情緒，也可以用爽快放下這樣的形式來作為控制。

Let it go 的優點是，不執著在一種情緒上，同時透過放下現在所有的情緒來產生一個空間，以接受接下來的察覺或情緒。

陷在一個情緒之中且長久持續下去，就會剝奪遇見嶄新自我的機會。

為了常保嶄新的自我，請如實地接受情緒，並徹底放下。

禪語錄9

感受與自然的連結，
體驗「孤獨時間」中的自我。

森羅萬象就是老師。這在佛教中稱為「法身說法」，這句話是在告訴我們，森羅萬象的一切都是在說法。

不限於植物，從天空落下的雨、鳥兒的鳴囀都是，不限於自然界的現象，如今你手上拿的這本書、與人的相會，我們都能從存在於這世上的一切獲得體悟。

就像有春夏秋冬四季一樣，人生當然也有春夏秋冬，絕非都只有好事。

可是不論是歷經人生磨練時，還是處在狂風呼嘯中，只要抬頭看夜空，就會看到月亮。若能把那月亮想成是本來的自己，就能領悟：「沒問題的。我就在這裡，哪裡也不會去。」而保有堅強的心靈。

森羅萬象是教喻，也是答案。雖然這簡直就像是禪問答般，但各位是否都有過這樣的經驗呢？

鎌倉有間寺院有花之寺之稱，有一天，某位心懷煩惱的男子來到了這間寺院的和尚面前。和尚聽聞了男子的心聲後，指著庭院說：「我也不太知道答案，請您自在地欣賞這庭院吧。」

這間寺院的庭園是由夢窗國師*打造而成的美麗庭園，他還照管過被指定為世界遺產的京都苔寺以及天龍寺的庭園。男子照著和尚所說的，從早上到傍晚，都看著庭園。

夕陽西下時，他說：「和尚，我知道答案了。」便離開了寺院。

我也有過類似的經驗，有位年約四十五歲的女性來訪寺院，她丈夫去世，又沒了工作，所以不想活了。我告訴她說：「總之先坐下來吧。」和她一起看著庭院。

一小時後，這位女性霍地站起身來，說著：「我已經沒事了。」就帶著清爽的笑容回去了。

不論是和尚還是我，都沒有說任何一句話。告訴他們答案的，是眼前寬廣的庭院，是獨處的時間。我不知道他們在觀看的時候，是否有冒出什麼啟示。可是不論是在多脆弱的時候，人都能從自然中獲得體悟，能自己找出答案。

我們人在能實際感受到自己是森羅萬象的一部分時，或許就能擁抱真正的安心感。我想這兩則小故事就告訴了我們這一點。

心靈迷惘時、快要被不安擊潰時，不論是山、海，還是附近的公園都好，請放空心靈，去觀望自然吧。

*註：夢窗疏石，日本鎌倉時代（一一九二～一三三三年）末期的佛教僧人。

禪語錄10

深呼吸時注意「吐氣」，打造不為任何事所動的「心靈空間」。

看到設置在和室中的壁龕*時，應該有人會想著：「為什麼要設置這個呢？」

壁龕，一言以蔽之，就是和室多餘的地方。正因為有這塊多餘的地方，才會讓人感到沉著、平穩。

試著想像一下吧。房間四周都是牆壁，完全沒有可逃跑的地方。不論如何打掃、如何漆上明亮的油漆，即便在牆壁掛上大海圖，還是一直讓人有窒息感。

那麼就試著在那房間裡設置壁龕吧。只要這樣就能莫名放鬆，心靈也不會產生空隙。

抹茶的茶碗也一樣。若是沒有一絲絲的歪斜，是正圓的，連陶瓷器特有的凹凸也規律整齊，反而失了味道，讓人覺得很無趣。形狀稍微有點變形比較能感覺到溫度，也能感受到心靈似是豐富。

*註：壁龕是在牆上預留的凹陷空間，用於儲物或裝飾。在日本較為流行，通常會在塌塌米房間預留一個內凹的小空間，並在裡面擺放盆景或日式掛畫等。

人也一樣。若總是四四方方的看事物，認為大家都得一樣不可，被社會的規範、規則束縛而活，就會無處可逃，心靈當然會受壓迫而崩潰。心靈也需要壁龕。

懷抱憂心事，或是被某些事逼得走投無路時，腦中全都是那些事。就算有人和你搭話也無所知覺，變得看不見周遭一切。

正是在失去從容時，心靈才需要壁龕。

深深地深呼吸一次。不論是正在步行中還是停下來，抑或是在電車中，在哪裡都可以。

從鼻子緩緩吸氣，花上比吸氣多一倍的時間緩緩吐氣。吐氣時，氣要往下降，心靈應該就能感覺平靜下來。這麼一來，就能稍微打造出心靈的壁龕。

總是想東想西、煩躁不安，若想讓這樣的心情平靜下來，就要專注精神在吸氣與吐氣上，再做一次深呼吸。察覺「現在正在吸氣」「現在正在吐氣」，會給予自己正活在當下的實際感受。

又或者是，也可以藉由深呼吸從外界獲取空氣，並吐出自己內在的空氣，再度確認自己並非單獨一人，是與自然互相連結著的。

做一次深呼吸。在禪的世界中雖沒有這樣教導大家，但我認為這是最低限度的坐禪。快被擔心或不安擊潰時，首先請養成深呼吸的習慣。

這麼說起來，我也是一直受到深呼吸照顧的其中一人。

說來慚愧，但這兩天，我從早上開始就在深呼吸（笑）。我所擔心的是，在一星期後預計要在學會發表論文，但我連開頭都還沒寫。唉呀，這真是糟糕，真是令人困擾。

一想到之後的行程表，和放暑假的女兒約定一起出去玩、演講等工作、滿是預定好的會面，心情就更加焦慮。

但是光只是焦慮也不會有任何改變。因此為了冷靜下來，我做了好幾次深呼吸。

然後我想像了一下寫完論文之後的自己。帶著笑，心情也很愉快。應該也會爽快地伸個懶腰吧。

「到目前為止的人生，總之都有好好完成工作，所以沒問題。」

「就算焦慮也什麼都沒開始做。現在能做的是什麼？」

將這些話說給自己聽，一邊深呼吸一邊想像，就能暫且把焦慮的情緒放一邊，直接面對現在該做的事。

結果這樣就能盡早且有效率地完成其他工作，擠出時間來寫論文。

沒問題的。只要心靈有壁龕，事物就會往好的方向前進。

禪語錄11

走路時，把心念放在「走路」上。這麼一來，不安與後悔在心中就無處容身。

心靈陷於不安時，不要執著在那分情緒上，「走路冥想」有助果斷轉換心情。在禪中，稱此為「經行」，本來是為了讓坐禪中僵硬的下半身血液循環變好而進行。

走路冥想的好處就是在哪裡都可以做。外出時碰到討厭的事情，想轉換心情時最適合這麼做，而且即便是在屋內，在去廁所短短幾步的距離間，只要有意識地去進行，心情就會大不同。

當然若有能長距離步行的環境，也可以持續走到自己心情平靜下來為止（但不要到累的程度）。

走路冥想的基本就是將意識集中在腳上。腳從地面踢起到著地為止，將全部精神集中在「右、左、右、左」的每一個步伐上。

此時，先將思緒放在「接受自己正在走路」這件事實。能做到這點後，接著將意識放在踢起的腳所感受到的地面觸感、小腿肌肉的伸縮、從腳後跟到腳趾依序踩到地面的感覺。

稍微走一下後，可以試著在沒什麼人的地方佇立一下。在那裡站個一～二分鐘左右，重複深呼吸。

藉由刻意暫時停下來，就更能明確理解到自己的腳是與地面貼合的。就某種意義上來說，是察覺到自己和這地球是一體的。

有句禪語是「獨坐大雄峰」。某位僧人問唐朝禪僧百丈懷海說：「這世界上最殊勝的事是什麼？」據說百丈懷海回答他：「就像這樣普通地坐在這山上。」

也就是說，我們和這片土地成為一體，體悟到「現今，我就在這裡」的自己是最幸福的。人很容易感到寂寞，只要有確實相連結的感覺，就會有安心感。

這樣的體悟能隨即整理好紛擾的心。只要再度往前走，之前倒映在眼中的景色、氣味、聲音、受到刺激的五感，都會變得敏銳起來。

說得極端些，也可以說是「只要行走就能消除煩惱」。

禪語錄12

愈是忙碌愈是要調整心態，認真聆聽，試著專注在聲音上。

就如「忙」這個字字形所呈現的，一旦心成了「亡」的狀態，即便是小事也會煩躁、遷怒於人，還容易增加負面的抱怨。

而且會變得無法關照自己與他人，自己最清楚自己已快到極限，所以心靈反而悶悶不樂，像是要陷進負面的迴圈中般。

正是在這種時候，更需要「深呼吸」與「走路冥想」。

忙碌的時候，心靈的煩擾也很大。即便想透過深呼吸與走路冥想來鎮定心靈，也難以專注精神，要花上一段時間才能取回平靜。

因此針對因過於忙碌而喪失了心靈的各位，我要來介紹一個秘技，讓各位即使在忙碌中也能盡快把心平靜下來。

不論是深呼吸的時候還是走路冥想的時候，都要把意識放在聲音上。

我們總是被各種聲音圍繞著，但只會聽到部分聲音。尤其在忙碌時，更不容易留意到聲音。所以愈是忙碌愈是要認真聆聽。

現在你也可以維持手拿著這本書的狀態，試著一邊注意聲音，一邊花比吸氣長一倍的時間在吐氣上做深呼吸。

如何呢？是不是聽到了在讀書時沒有注意到的聲音呢？

外頭車輛經過的聲音、冷氣運行的聲音、自己的呼吸聲、鳥兒的啼鳴、人聲、嬰兒的哭泣聲……。

若是聽到了什麼聲音，不要做出「愉快」「不愉快」「好」「不好」的判斷，只要如實接受就好。

接受以後，就會突然浮現出讓心靈沉靜下來的體悟或新的情緒。

這樣就好。這一點很重要。

全神貫注作業後，用力伸懶腰大大吐出一口氣，一直到從電腦前站起來之前，有段短暫的空白時間。

不論多忙，應該都能找到三十秒～一分鐘左右的時間。在每天忙碌的空隙時間裡，請試著空出一小段時間，去深呼吸並同時傾聽周圍的聲音吧！

試著敞開心飲食。
讓五感變敏銳的飲食將教會你
生之喜悅。

只要活著，就無法停止思考，也無法忽視湧上的情緒。「我現在是這麼想、這麼感覺著的」。雖然知道只要如實接受事實就好，但我們的每一天都不同，有會遭遇到擾亂心神事情的一天、因小事而煩躁不安的一天、悶悶不樂的一天。

重要的是，我們該如何重整心情。要是可以，希望可以不用花時間，就能迅速重整。因為人的基本設定就是沉穩狀態，人生中愈是增加沉穩的時間，愈會增加幸福感。

我稱之為「心靈的肌力訓練」，心靈就像身體一樣，是可以鍛鍊的。

這時大有助益的就是深呼吸，也就是坐禪。還有另一個，就是每天的用餐時間也是鍛鍊心靈的機會。

雖說是「飲食冥想」，但若每餐都這麼做，反而會生出覺得麻煩的心情。因此在忙碌的每一天中，只要有一餐進行就足夠了，只有在那一餐的時間，把注意力放在「吃」這件事上。

關掉所有電子儀器，包括電視、收音機、電腦、手機、平版、音響。

不管擺在眼前的餐點是什麼都無所謂，若只有一個人，也可以外食。不必刻意去準備些儉樸的小菜，吃得和平常一樣就好。若還得刻意去準備，會變得很麻煩，飲食冥想就難以在生活中扎根。

肌力訓練也是這樣，若是一週進行一次訓練，經常只能維持現狀。若一週進行二～三次，才終於能看見成效。若是負擔較少的肌力訓練，每天持續下去就會有效果，坐禪以及飲食冥想也是，能每天持續下去，才能有極大的體悟反饋給自己。

看著擺放在眼前的食物，思考這些食物是經過了什麼樣的過程才送到自己的手裡吧。

試著吃一口嚐嚐味道。

只要做這件事就好。只要這麼做，一直到吃完飯前都不會有空閒的時間。單是「涼拌菠菜」這一道菜，其中過程就包含有養地的人、栽種的人、每天負責照顧的人。我們要對培育菠菜的一切心存感謝，包括太陽光、水、土地的營養，還有配送相關業者、為我們調理的人，若細細尋思，可是沒完沒了的。

有許多人的願望、努力、活動，自己才能活著。自己不是孤單一個人的。每天都是受到這麼多人的支援而活。

這些容易忘記卻又理所當然重要的事，在用餐時就會讓我們想起來。吃飯時會讓我們感受到與人的連結，所以透過吃這一頓飯，就能讓我們變得有活力。

透過嚐一口味道或許就能感受到甜味、苦味、少許刺激的味道。這一口的營養會循環全身，給予自己精力，總有一天，我們應該能擴展這種想像吧。

不論怎麼說，好吃的餐飯是活力的來源，所以很重要。

每天一次，在用餐的時間懷抱感謝的心。我們將會察覺自己與森羅萬象相互連結，是依靠著森羅萬象而生。單這一點就足以成為改變人生的契機。

第二章

整理打掃心靈，
就能消除一切不安

禪語錄14

我們的心是裝了泥水的杯子。
只要靜置，視野自然能拓展開來，
找到答案。

擔心、不安、焦慮、悲傷、嫉妒、憤怒，感覺像是要被湧上的情緒牽著鼻子走或吞沒時，請想起接下來我要告訴各位的杯子故事。

請試著想像在透明玻璃杯中倒入水跟泥土，再用筷子旋轉攪拌的的樣子。攪拌時，杯中的透明度會喪失，把杯子舉到與眼睛齊平，不論從哪個角度看進去，都很難辨別出裡面到底裝了什麼。

此時，請試著將杯子放在平穩的場所靜置一會兒。

被攪拌而混成一團的泥水，在稍微等待的期間中，水波會一點一滴平靜下來，重新回復成平穩的模樣。

隨著時間的經過，重的東西會往下沉，就能看清楚杯中的內容物了。

這被攪拌的泥水，正是我們心靈的狀態。

我們在日常中，不知何時會有情緒，不論是想放下還是執著，總是反覆在應對湧上的情緒。

也就是說，我們的心就像被攪拌的杯中泥水一樣混沌。

若總是如泥水狀態，視野沒有變清楚的瞬間，當然就會搞不清楚自己的本心到底在哪裡？想珍視些什麼？是對湧上的情緒做出了什麼反應心靈才會紛亂不堪？

因此我們必須先暫時把杯子靜置一段時間，讓心鎮定下來。

其實，靜置杯子這個動作正是坐禪。

坐禪的方法有好幾種，但基本上就如「坐禪」字面上的意思。坐在安定的土地（大地）上。

首先坐下，就跟靜置杯子一樣，讓心平靜下來。一旦心靈的波動靜了下來，就會像是知道杯子中有水跟泥土一樣，也會明白自己現在最在意什麼？在想什麼？在擔心什麼？

而且注視杯中時，也會發現泥土中混雜有枯葉與小蟲。感覺就像是遇見了日常中看漏了的、自己真正的心情。

能看清心靈如混沌泥水時看不見事物，這就是坐禪。

我在講課與演講時，為了讓大家對坐禪有親近感，經常會以這個杯子的例子為比喻，來說明坐禪。

最近，以前曾聽過這故事的女性坦率地跟我說：「其實那時聽到杯子的故事時，我心情就變得非常輕鬆。」

突然冒出不安的時候、煩躁的時候、悲傷的時候、快被強烈的情緒擊潰的時候，只要想著：「沒問題的。我現在只是處於泥水中罷了。」心情就會平靜下來，而且還能避免情緒失控。

能控制情緒。這則逸事告訴了我這是事實。

現在資訊的流通速度很快，讓人傾向「尋求立刻就獲得答案」，但請靜置杯子，直到答案出來前，就這樣悠閒等待吧。

坐禪無法教會我們一切。藉由坐禪、與自己對話，就能整理心靈、感受與他人的連結，能珍視自己與自己的人生。

對此需要花點時間。可以一步一步慢慢來，重要的是要持續下去。之後就會知道你現在所想要的答案了。

怎麼都找不到答案的時候，或許是泥水中泥土的分量多了些。請這麼想著，並耐心等待杯中變澄淨吧。

禪語錄15

每天坐禪二、三分鐘，能引導你走向安穩。

日常生活中，大家或許會認為深呼吸以及走路冥想比較容易實踐，但請讓我對真正有興趣於坐禪的人稍微做些說明。

誠如前述，在「坐禪」這個詞中所使用的「坐」這個字，表示在土地上、兩人面對面的姿勢。這個姿勢是以坐姿感受與大地間的連結，面對自我。

以下介紹兩種坐禪冥想。

【奢摩他冥想】

請回想一下杯子的故事。將因泥水而混濁不堪的杯子靜置於平穩的地方，泥與水就能分開來，這種狀態就稱做奢摩他冥想。

心靈找回平靜，準備好面對自我。

【內觀】

找回內心的平靜，發現杯中有些什麼，例如泥土中有枯葉或小蟲，像這樣的洞察・觀察就稱為內觀。

完全不去做判斷，只是如實地接受湧上的情緒、眼所見之物、進入耳裡的聲音以及鼻子所嗅聞到氣味。

「說起來，我忘了寄信了」「啊，我聞到好香的味道」「是在哪裡進行著工程呢？」如實感受這樣的感覺，只要接受就好。請重視瞬間的體悟。

若想著「哪裡有郵筒呢？如果走那條路回去……」「這是什麼味道呢？是柑橘類的嗎？」「工程的聲音好吵」就會變成執著。不要去深究，只要感受就好。

一旦執著，就會陷入執著的漩渦中。

此外，瞬間的體悟也會讓我們感受到「我現在就在這裡」「我現在正活著」。能夠察覺到內心處於紛擾狀態而無法察覺到的模樣、聲音、味道，正是專注坐禪的證據，是大腦處於創造性狀態中。雖與主題無關，但正念就是在追求這種狀態。

那麼接下來我將說明實際做法。

在此，為了讓大家進行時不會感到困難，我會告訴大家較為簡易的方法。

【姿勢】

想盤腿或能盤腿的人就盤腿。腳底向上，將右腳放在左腳的大腿上，另一隻腳也一樣。若難以做到，也可以只放上一隻腳，只要能盤腿就好。腳或腰不好的人不要勉強，請坐在椅子上吧。

總之，以舒適的姿勢坐著是基本。

打造出一個中心軸，讓身體可以前後左右的晃動。若固定住身體中心，就放鬆打直背脊。用左手覆在右手上。

【視線】

不論是睜大眼睛還是完全閉起眼睛都可以。睜著眼時可以看向約一・五公尺的前方。若完全閉上眼很容易睡著，即便是半睜著眼也會感受到眼皮沉重而想睡，所以請留心。

【呼吸】

比姿勢與視線更重要的就是呼吸。

請好好地、緩慢地深呼吸。比起吸氣，更要重視長緩地吐氣。這是基本中的基本。從鼻子吸氣，從鼻子吐氣，但若很難從鼻子吐氣時，也可以用嘴巴吐氣。

若有人再稍微做得更正式些，可以在心中數著「一個」「兩個」。「一」的時候吸氣，「個」的時候吐氣。一次呼吸約花費十五秒。從一數到十，數到十後再重新回到一。

可以不用勉強盤腿。
用左手覆蓋在右手的指甲上，放在輕鬆的位置上

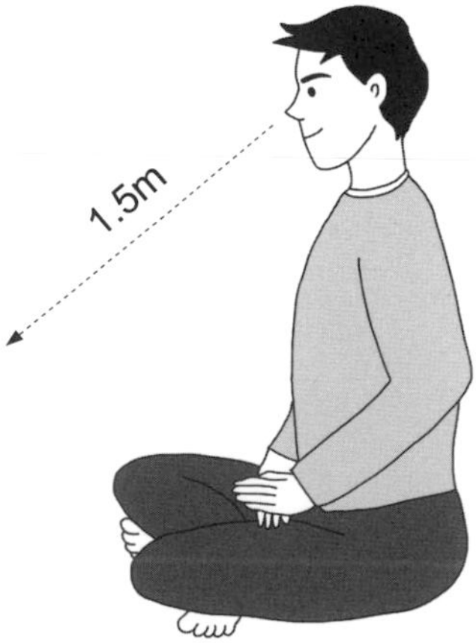

放鬆打直背脊。
眼睛輕輕睜開著，看向前方約 1.5m 處

【進行時間】

沒有固定。我是每天早上會做個二～三分鐘當作日課。不論早晚，可以在每天容易養成習慣的時間進行。

一次呼吸約 15 秒。
從 1 數到 10，再回到 1

禪語錄16

若腦中一堆擔心事，深呼吸，試著從空中眺望「正在擔心的自己」。

媽媽友的午餐會從孩子幼稚園時代就開始。最近，比起孩子的話題，都是在抱怨老公或婆婆，就算參加了也不有趣，但如果不配合著說些什麼，就會被說成是高高在上……。雖然覺得很浪費午餐錢，但若只有自己一個人不參加又顯得很不合群，還會被問為什麼沒來。如果因為我沒去，她們就不邀請我孩子參加活動，那就令人困擾了……。

不僅限於媽媽友的聚會，只要隸屬於公司或地區等各式各樣的團體，經常都會有人擔心不參加活動「自己會被如何評價」而勉強去做某件事。

連冷靜思考都沒有，揮之不去的擔心事簡直就是自己生出的妄想。

自己才是人生的主角，活用自己的時間，每日才能展現生氣勃勃的笑容。為此，不論怎麼說都要有強大的精神力與決斷，以及支援這些的思考。

作為這練習不可或缺的第一步，就是轉換觀點。

我們看世界的方法就直接是體驗這世界的做法。若改變了看世界的方法，行動就會改變，圍繞著自己的世界也會改變。

改變觀點並不難。若以本節開頭的例子來看，就是停止不斷連續想著「會〇〇」這類名之為妄想的觀點。然後試著抬升觀點到天空，從上俯瞰包含自己在內的午餐會成員們。試著稍微像看電視連續劇一樣，把「擔心的自己」當成出場人物之一。

雖然總是這群成員聚集在一起，但說起來，在抱怨老公的多是H太太。這麼說來，難不成我是在看H太太臉色並幫腔？的確，上次S太太缺席，但也沒人去問原因。也沒有因為她不在就說她壞話，更別說是不邀請S太太的孩子參加活動這種不入流的事，或許這些成員們根本沒人這樣想過。

只要把觀點放往高空俯瞰，就會看到不自覺對「自己」執著的時候。

擔心、不安、憤怒、悲傷、嫉妒。被各種情緒所束縛的時候，首先要轉換觀點。把這養成自己的習慣吧。

與「另一個自己」對話，痛苦時也能轉為正向思考。

「在這個職場上有很多優秀人才，或許沒有自己能大展身手之處。」
「就算和那個人一起生活，也描繪不出幸福的未來。」

即便像這樣只想了一下下，心情就會變沉重，但能把自己下沉的心拉上來的，也只有自己。自己埋下的種子只有自己能收割。

這時候，可以試著和自己進行如下的對話：

「這個職場上有很多優秀人才，所以自己無法大展身手，是真的嗎？」

首先，轉換觀點，質疑你所擔心的事。就我的經驗來看，之後多能生出不一樣的發想，順利與自己展開對話。

「能近距離觀察優秀人才如何工作，其實很幸福吧？」
「或許的確是這樣。若是這樣，就好好觀察，去模仿能模仿的地方，如何？」
「這麼一來，工作方式會改變，或許還有某些事物也會發生改變。」

若心情正面積極，就鼓起幹勁：「好，加油吧！」然後結束這個話題吧。

對家庭懷有不滿時也一樣。

「和那個人一起生活，是否就真的沒有幸福的未來？」

先試著質疑湧上心頭的疑問。

「或許是因為現在沒有感受到幸福，才會認為未來也不幸福？」

「現在的幸福？有家，雖然要稍微節省一些，但能過上一般的生活，有時還能去旅行。若單看環境，可說是十分幸福了……」

「要感受到幸福，是否還缺了什麼？」

「不論是打掃、洗衣服、煮飯，都是在為了別人。若是自己不在了……」

「既然如此，要不要試著開始做些什麼？」

「是啊。之前在電視上看到製作首飾很有趣，要不就來試試看吧。」

不要執著於突然浮上心頭的心事，而是先試著質疑：「那些擔心的事情真的本來就是應該要擔心的事嗎？」

單只是這樣做，就能看到廣大的世界，本來擔心的事，就會成為我們往前進的踏板。

藉由轉換觀點，就能將消極負面轉變成積極正面。收斂心思，讓心歸於一。

禪語錄18

偶爾要像讓汽車引擎休息那樣，積極休息。

日本人是以「奉獻才是美德」這樣的世界觀而活，因此會不惜犧牲自己，為公司工作。有時滿腦子想的都是工作，反而與家庭的關係不融洽。

就算人在家，心也不在。「我這麼忙，你們應該多少理解我些吧」，即便知道這樣的想法很任性，卻無法改善不耐煩的態度。

自己一旦非常忙碌，對親近的人也會帶來不好的影響，這可是非常討厭的。我的妻子也受不了來自老闆的電話攻擊，所以會對孩子微不足道的言行舉動反應過度，偶爾還會遷怒地斥責孩子。

這麼一來，簡直就像車子瀕臨過熱了。

如果一輛車子一直都沒保養卻繼續開，情況會是如何？不久水跟油都會耗盡，若勉勉強強用剩餘的汽油繼續開，車子會漸漸變熱，沒多久就會因為過熱而停止。

要避免過熱，首先要停下來。打開引擎蓋通風以降溫。接著裝入水、加油，就能回復原來能開的狀態了。

不只是汽車，電腦、手機若也是不斷儲存資料、下載APP、儲存大量拍攝的照片，反應也會變遲鈍。若不偶爾進行保養，刪去不要的資料，就無法快速運轉。

人也一樣。我們是大自然的一部分，所以當然無法一直跑下去。或許可以在短時間內努力，卻無法一直這麼下去。若是基於這個自然之理，所有人都能理解，積極的休息是必要的。

要好好工作，就要好好休息。

強制切換ON與OFF，保有恢復自我的時間吧。

禪語錄19

做做美國頂尖運動員也在做的Happy ending想像，以戰勝不安。

很多人都知道，美國的職業籃球聯盟ＮＢＡ已故球星柯比・布萊恩會進行冥想。不僅是他，很多運動員都會進行冥想。

冥想也有不同種類，在運動員中大受歡迎的是意象訓練。他們會想像在比賽中的各種事態，並思考對策，藉此果斷做出瞬間的判斷。

想要改變自己行動時，意象訓練也很有效，例如圍繞著某件事上，負面情緒占優勢時，單只是電話響起就驚疑是否有什麼壞通知；或是過於擔心，提早三十分以上抵達約定地點而無謂浪費了時間等。

我每天早晚都會和兩個女兒一起坐著，把冥想二～三分鐘當成日課。比起讓心平靜下來，早上的冥想主要是在確認一天的行程，因此意象訓練的要素比較強。

我會想著，女兒們吃完飯後會刷牙，說起來，最近小女兒不喜歡刷牙，如果我會不耐煩，那就先幫她換衣服吧，送女兒上學後就寫信……像這樣依序排定當日的預定行程。

就像刷牙一樣，因為有先設想到可能不會順利進行，並重新思考較為柔性的對策，現實中真的碰上女兒鬧脾氣不願刷牙的情況，也不會覺得煩躁，才能笑著回應：「果然是這樣啊！」

如果一天太長，難以做意象訓練，就瞄準當天最在意的事進行意象訓練。

若每天都要與不喜歡寫作業的孩子搏鬥，不妨試試意象訓練，先在心中想好孩子可能的回應，再據此制定計畫A・B・C吧。

意象訓練對夫妻間不斷爭執的情況也很有效。若是伴侶說了這些話，不要以牙還牙，這次可以試試這樣說，只要這樣設想，當下就不會慌亂，能冷靜應對。

早上起床，可以立刻進行意象訓練，通勤途中也可以做，在咖啡廳也可以一邊喝咖啡一邊做。只要把滑手機的時間換成進行意象訓練，就能一點一滴、摘除擔心的種子了。

禪語錄20

若以十年後的自己來觀察現在的自己，
會發現現在的煩惱根本微不足道。

你十年前是幾歲呢？那時候你人生中最關心的事是什麼？

工作、戀愛、興趣、美容、錢、老後、家——。不論是不是樂在其中的事，我想都一定會伴隨、圍繞著擔心的事。

當時所擔心的事，現在是否成為了現實？

是不是當初明明那麼害怕和戀人分開，現在卻和別人結婚過得很幸福？是否從以為再也站不起來的打擊中重新站了起來，還把那件事當成了笑話來說呢？

即便不是這樣重大的事件，應該也有滿坑滿谷、讓你覺得自己為什麼當初要那麼擔心的事。

再重複一次，擔心不過是自己生出來的情緒而已。總有一天一定會消失。

我們在此之前的人生中已經經歷過許多次了。

若是有了些擔心事，只要試著稍微想起這個事實，就能放下。

或者是可以問問自己：「這件擔心事會持續到十年後嗎？」這麼一來，應該就能釋懷：「一年後，不，搞不好半年後就不會擔心了。」

其中應該也有關係到孩子升學、就業、結婚等長期的擔心。這時候，請試著問自己：「那麼，我現在能針對這些擔心事做些什麼呢？」

去做能做的事。若是現在什麼都做不到，那麼即便擔心也莫可奈何。

其實我本來的性格就是好操心，尤其會擔心女兒們。

可是透過問自己：「現在能做些什麼？」很多時候就能找到解決的方法，就像這樣：「那麼從現在開始就一點一滴地來存學費吧。來試著調查一下為此能做些什麼事吧。」只要能想到：「的確，現在完全不能做什麼呢。」就能放下那分擔心。

為了專注在現今能做的事上，試著向十年後的自己提問是很有效的。

禪語錄21

心中最好的朋友知道能讓你變幸福的答案。

基本上，人類是群居動動物，會希望與他人有所連結，有個在根本上容易感到寂寞的自我。

即便受到世間的高評價，被許多人仰慕，回家打開家門的瞬間，有時仍會有一種感覺——像是要被無可言說的寂寞所吞噬般。

在獨處的時間中，有時會被說不出口的孤獨感襲擊。即便是走在許多人來來往往的東京或紐約大馬路上，若沒有與任何人感受到連結感，就會孤獨。

可是人從生到死，沒有一瞬間是孤獨的。

坐禪這個詞，就表現了在土地之上，人與人坐著對話的姿勢。是在跟誰對話呢？這麼說來，不是自己和誰，而是自己和另一個自己在對話。是稱做自己的「自我」，與本來的「自己」在對話。因此不僅限於坐禪，經常都有另一個自己在。所以絕對不是獨自一人。

山田無文法師（一九〇〇～一九八八年）是昭和時代的禪僧，他針對《臨濟錄》（收集整理了臨濟宗開山祖師・臨濟義玄言行的語錄）中〈無位真人〉的公案解說道。

在自己心中有著超越地位、年齡、能力，無法由世間價值判斷來決定價值的佛性、本來面目。他說那是所有人與生俱來就有的卓越主體性、絕對尊嚴、平等又純粹的人性。這正是本來的「自己」。

自己是最接近、最信賴、最理解我並給予支持的最好朋友。

如果你覺得自己朋友較少而感到寂寞，希望你能知道，在自己內心有著最強的朋友。

坐禪是與自己這個最好的朋友對話的絕佳機會。

重複著靜置杯子深呼吸，等心冷靜下來後，就向另一個自己提問。可以像是：「我說正樹，再稍微認真點聽孩子說話不也很好嗎？」

提問的話會有反應，像是「是啊，會感到悲痛也是無可奈何的事啊」「那你認為要怎麼樣比較好呢？」「把話說出口前，若是能先深呼吸，留些余白就好」在像這樣的一問一答中，就能整理好內心。

最好的朋友是很好的商量對象。請務必多製造些談話的機會。

禪語錄22

若工作感到窒息，就用正念整理大腦。

這幾年，在日本經常會聽到「正念」，它脫去了禪宗的宗教色彩，被介紹為是發祥於美國的冥想法，以逆輸入的形式在日本成為風潮。

可是在我心中，我認為禪與正念之間並無隔閡。在冥想的大傘下，有禪、有正念、有瑜珈。只是通往冥想的方式各有不同而已，但大目的都一樣是冥想。

那麼，要說為什麼正念會成為風潮，我推測應該是因為被當成了「商業・沉思（冥想）」的要素而大書特書。打造這個契機的，就是以搜尋引擎而為人所熟悉的 Google公司。

Google的工程師陳一鳴為了提升員工的「專注力」「消除壓力」「提升團隊合作」，採取佛教冥想的要素，開發了「Search Inside Yourself（以下簡稱為ＳＩＹ課程）」。

我也是以指導禪的形式，透過茶道觸及到這個ＳＩＹ課程，基本上就是讓心平靜下來、整理思緒、提高專注力以提升工作能力與效率。

此外，Google公司內也有員工可以自由使用的冥想房間。在那裡，藉由和其他員工一起靜坐，就會萌生出與周圍人的「共鳴、協調」，也有助於提升團隊合作的意識。

若能在冥想時捕捉到當下湧上的情緒，就可以透過意象訓練在腦中進行整理。若把SIY課程想成是採取、融合了雙方要素的課程，就會很好懂。

工作時必須應付同時進行的各種事，是在與時間賽跑，既有焦急地白忙一場的時候，也有想太多如入迷宮中的時候。

讓死記活背的大腦休個假。我們期待著正念能發揮這樣的效果。

暫時離開眼前的工作，讓大腦歸零，重新啟動，就能在腦中打造一個空間，產生出能裝入新想法的寬裕。這樣的經驗正是正念被認為能提升創造力的原因。

重設因工作而阻滯的大腦、讓心休息，就是產生新想法的來源。

在陷入疲憊至極而停止思考前，請採用適合自己的冥想方式吧。

第三章
推薦禪生活，讓你能永遠安穩

禪語錄23

為什麼禪僧會留心將生活過得簡單又樸素？

說起禪式生活，應該多數人會想到的都是：早上起床，早餐是一湯一菜，每天在坐禪時都一定要打掃，是斯多葛派的「清貧生活」。

我當然不是想要否定像這樣的「The 禪僧」式生活，但對我來說，我會留心去過自然的生活。平時我是穿牛仔褲，也非常喜歡拉麵。在大學授課的空堂中去接送孩子、打掃洗衣，也擅長準備餐食等家事。不會執著於這是男性的工作，或這是女性的工作。

以前接受訪問的時候我曾經忘了穿迦裟，結果記者說：「唉呀！感覺很不協調。」因而讓我吃了一驚。就我來說，我希望大家能看到我身為禪僧的內在，而不是被外觀所侷限（笑）。

這麼說是半開玩笑的，但也有一半是真心話。我也是每天都想著該怎麼應對心中的不安與擔心事，是和大家有著相同煩惱的其中一人。最近我感到自己的「心靈免疫力」提高了不少，所以希望和大家共享這個秘訣。

對生活沒有幫助的「禪」是完全沒有意義的。

我是這麼想的。能讓全世界的人知道，「禪」在控制心靈上有極大助益，所以我也在美國執教鞭。禪的教喻是萬國共通的，對所有人都有幫助。

內容有些偏離主題了，但在此我想告訴大家的是，「簡單又質樸的生活」本質，就是「不論何時都不會改變生活風格」。

前幾天在京都有一場餐會。餐會的目的可以說是對某企業社長的勸諫會。近來，他在事業上意氣風發是眾所周知的事實，但我們甚至能聽到該社長誇口說：「不論做什麼，我都覺得不會失敗！」於是某寺的住持發聲說：「大家要不要來辦個集會，讓那位社長冷靜一下？」

覺得做什麼都不會失敗。

這對敲著石橋過橋*的人來說，是多麼令人羨慕的性格啊。可是正因為「處於人生的顛峰狀態」，才更要小心陷阱。

驕傲這種情緒會降低心靈接收裝置的敏感度，也正是在這個時期，會不考慮周圍氣氛地勇往直前，認為自己是特別的而疏遠了周遭的人。

爬山登頂後接著就是要下山，股價也是不斷在重複的細微上下中，一下好一下壞。不論是在自然界還是經濟界，都教會了我們這世上所有事物都難以持續保持在巔峰。

我的祖父松原泰道，他一年三百六十五天都過著一貫的生活。每天三點起床，六點誦經，七點吃早餐，一日的行程都非常固定。

飲食的內容也幾乎每天都不變。不過他不會因為菜的數量少而抱怨。不論是多一道菜還是少一道菜，他總是只吃自己能吃的份量，剩下的留待隔天再吃。

不論是處於好時節還是不好的時候，生活最好過得一樣。這是祖父經常掛在嘴邊的一句話。

---

*註：過石橋前也要先敲一敲再過，用米比喻任何事都得小心為上，步步為營。

順利時若歡欣鼓舞地鋪張浪費，在無法鋪張浪費時就會失去自信，必得沮喪。工作上稍微看起來有點不順，就不安得不得了。

無常的本質是：「有開始必有結束。」誠如擔心事那樣，負面消極的事情會有結束，當下感到愉悅的事也一定會有終了。

上坡後有下坡。勢頭正盛的時候，在心中一隅才更需要有這樣的覺悟。不論何時都不改變生活風格——這就是能稍稍讓心安定下來的訣竅。

禪語錄24

丟棄不必要的物品。
把房間收拾乾淨，
你的心也會煥然一新。

捨去對過去的執著。近來，捨去執著、弱點以及不需要的東西蔚為一股風潮。可是我並不認為丟棄一切就算是好的。

極簡生活大受關注，許多人認為禪就等於極簡生活。但我認為，即便是積存下許多東西，若不想就此浪費，也不用一股腦丟掉，留著也很好。若紙袋成了房間雜亂的原因，那就應該丟棄，但若能廢物利用，那樣也很好。

不過，將不需要的東西一直留著還是有麻煩之處。畢竟擁有物品，就會想用心維持，從中就會生出苦來。

此外，透過丟棄不必要的東西，能掌握住一個好處——聚焦當下。

我的母親七十三歲了，她說會給後人添麻煩，於是盡可能不擁有東西，連伴手禮都不會留下來，生活過得很簡樸。

還有一名八十六歲的老和尚，他在讓位給下一任住持後，處理掉了大部分東西，只留下生活中最低限度所必需的衣服、內衣褲、碗與筷子。從日用品到忘了存在本身，總之他說有需要收拾的各種東西是很麻煩的。

沒想到這兩人說法一致，都在做同樣的事——整理周遭事物，不留下些什麼。而之後，曾裝滿垃圾的垃圾桶底部脫落，一切都清空時，就覺得好像進入了新世界。

「無盡藏」這句禪語的意思是，沒有底所以能裝入許多東西，若有了底部，就會儲存自過去以來的東西，讓大腦變得僵硬。若以沒有底部的狀態來做事，就會不斷湧入新想法。各位是不是也在無意中察覺到了這點？

若將房間打掃乾淨，就會有新空氣流通其中，將能看到至今都看不見的東西。請試著整理清潔、丟掉沒有使用的東西，以及不需要的東西吧。

整理乾淨的房間，純粹就是會讓人覺得舒服。各位要不要試著把出門前五分鐘的時間設定為打掃房間的時間呢？

禪語錄25

感謝一切。
打從心底這麼想的時候，
人就會遇見真正的幸福。

今後自己想正面積極地活下去。我要贈送給如此期望的人一句話——感謝。

感謝一切。

或許大家會覺得這好像是在哪裡聽過的漂亮話，但我在最近，尤其覺得感謝的心才是能活出踏實人生的基礎，而且是能讓人睜開眼簡單看事物的關鍵。

生存在這世上。
因著他人的存在，才感受到自己是活著的。
正因為有情緒才能成長。

每天吃飯。
在有屋頂的地方睡覺。

如果對所處環境感到不平、不滿，更要經常將感謝放在嘴邊，而不是在那基礎上動搖不安。

不是因為幸福才心懷感謝，我認為正因心懷感謝才會喚來幸福。

不要忘記這點，常懷「感謝」的心情而活，心靈就不會變得很內向，也不會對自己有過高的評價。

我以前曾覺得這很難，但現在則能坦率接受那樣的「事實」。

當然，即便心懷感謝而活，有時心靈也會在一瞬間紛亂不已。這時候請回想起杯子的故事。暫且靜置杯子，深呼吸。

感謝與深呼吸是最強的組合。

我想過的生活方式是在人生最後也能說出「謝謝」。如果我被宣告來日不多了，應該還是會湧現恐懼吧。

但即便如此，我還是想對一切表達感謝，包括能與家人相遇、那一天的相遇、吃進嘴裡的食物、一滴水等。

禪語錄26

只要展現出最單純的微笑，
一定會有人來幫助你。

幸福的人會常保微笑。他們的笑臉會在瞬間照亮四周。笑容很重要。即便沒人這麼告訴過自己，我們也能感知到。

不斷踏實地努力，連假日也耗費在上頭而終於成功的企劃，卻在結束時被主管搶去所有功勞；在喝酒會上熱切討論的話題卻被同事擅自拿去當企劃提出；被戀人劈腿。背叛、不相信人、後悔、悲傷、憎恨，不論是哪種情況，自然都會湧現出各種痛苦的情緒。

可是即便是處在這麼難過的狀態中，禪仍希望能接受、原諒對方。要說是為了什麼而去原諒那些對自己做出過分行為的對方，不為別的，就是為了自己。

若無法原諒背叛自己的人，就會持續抱持痛苦的情緒，更會產生執著。執著會把自己束縛在一個地方，讓自己動彈不得。

雖然時間過去了，自己的心卻仍像當初被背叛時那樣，接著若再看見那個人，嫌惡的情緒就會甦醒，即便對方只是說一句話，也會湧現憤怒，認為對方對自己的態度不好而想找碴。

不原諒對方。只要這麼想著，就會有錯覺，以為彼此間關係的主導權是掌握在自己手上，但其實對方的態度始終如一，是你的情緒在動搖，所以不是你自己控制了左右你情緒的球，而是完全掌握在對方手中。

因此要原諒對方，唯有丟開不必要的障礙物，才能斬斷執著，拿回左右情緒的球，前往下一個階段。

遭受過分的對待，想著要原諒對方時會變成無法原諒。可是只要改變想法，想著是為了讓自己展露笑顏而原諒，做起來就不會那麼難了。

一九五九年，二十四歲的達賴喇嘛因西藏動亂所引起的屠殺而逃亡印度。

那時候，許多西藏人都喪了命，在中國，歷經一九六〇～一九七〇年代內所發生的文化大革命中，西藏傳統的寺院幾乎被破壞殆盡，據說中國進行了刑訊與鎮壓，導致了約一二〇萬名西藏人死亡。

即便是受到了如此的迫害，西藏人為了自己能前往下個階段，仍選擇了原諒。

原諒不代表著遺忘。原諒也不是不探求正義、不處罰加害者。

原諒做錯事的對方這種行為，雖很容易被解釋為是連其錯誤都接受、允許，但並非如此。

消極負面的事情絕對不可以忘記。可是正因為知道無法忘記會助長憎恨、有可能持續懷抱痛苦，為了不讓自己變成那樣，所以原諒。

達賴喇嘛說：「不要去選擇來自憤怒與憎恨的反應。」

為了不讓心中升起憤怒與憎恨所以原諒。這就是原諒的力量。

如此一來就不會失去做為一個人而有的人性見解、理性，擁有清楚的條理與信心，以不偏頗的態度去面對錯誤的事。

困窘時，「原諒」是唯一能療癒自我的行為，也是讓自己從過去獲得解放的方法。

以前就有句話說：「笑門來福」，這指的就是因為笑臉常開，所以不會有糟心事。即便受到過份的對待也原諒對方，總是帶著笑臉的你一定會被某人所看顧。至少佛陀一定會守護這樣的你。

禪語錄27

心中常持一朵花。
這樣就不會在意別人的視線及惡語。

用一朵花裝飾靜謐的壁龕。那凜然的模樣，讓人能同時感受到美麗與挺拔。雖不是豪華或華麗的花束，只是朵普通的花，但一直看著也不會膩，讓人覺得好像那朵花具備了能吸引人力量。

一朵花之美。

其強韌或許就在於不論有沒有人注視，它都依舊持續綻放著。在無所隱蔽的環境中，面對美麗綻放的花朵，或許會突然感受到，所有批評與責難都沒什麼好害怕的。

對花兒來說，即使只有自己一朵，也不會感到寂寞，因為它不需要和其他花做比較。有時我們或許會將這模樣與自己重疊起來。

看著那一朵花，姿勢筆直挺立的模樣，我們或許會將之與自己堅定信念的生活方式重疊起來。

半山腰上開了一朵黃色的蒲公英，穿葉異檐花則默默地開在路旁，藍色的花綿亙整條路。

遇上這些花時，我們會立刻停下腳步看得出神。即便開得不合時宜，即便開在可能立刻會被人踐踏到的地方，花兒也不在意，仍威風凜凜地依自己的時序開花，面對這模樣，人們會因感受到其堅強而被吸引。

想過著心靈不受動搖的生活，不想因小事就悶悶不樂地煩惱著。若你是這麼想的，就在心中常持一朵花吧。

身心相連，所以也可以每天都在觸目所及之處插上一朵花作為裝飾。

我很喜歡在庭園除草，自從祖父母與父親在一年內相繼去世，或許除草於我也有著填補寂寞的意義。在溫暖的季節中，我會將除草當作日課般，一邊除草一邊享受和庭園中盛開的花草對話。

若是不知道的人看了，或許會覺得我一個人在叨念個不停，很恐怖吧（笑）。可是在「今天也開得很美麗呢」「下過雨後的隔天，綠得很漂亮呢」這些對話中，是藏有人生體悟的。

裝飾房間所插的一朵花，開在路旁的一朵花。
盡情看著這些花，偶爾也開心與之對話吧。

禪語錄28

只要活著，所有人都有使命。
你也一定有你的生存之道。

蘋果創辦人之一的賈伯斯說過：「別過別人的人生」。

在美國，於大學畢業典禮時慣例會邀請知名人士演講，賈伯斯於二〇一五年對史丹佛大學的學生們講述了以下的內容：「人生的時間有限。別被他人的思考所吞沒而忘了自己。要坦率地依自己的心與直覺而活。」

賈伯斯在這場演講中，有句話很有名——求知若飢，虛心若愚（Stay hungry. Stay foolish），但就我來說，我對他說的另一部分留有更強烈的印象，那就是——別過別人的人生。

不要被他人的意見或價值觀所左右，活出自己的人生。說來簡單做來難，人生中，即便想做的事很明確，但或許很多時候所處的環境都讓你無法輕易做到。可是要說現在所處環境什麼都不能做，卻也令人想大聲疾呼：「不是那麼回事！」

話雖這麼說，我也不是一開始就立志當和尚。我出生在祖父、父親都是禪僧的家世中，三歲就會背經，住在寺院，也會去修行道場。可是我並沒有立刻把這些事與成為和尚連結起來。

我想著自己想做什麼的時候，想著希望能讓人與人連接起來、即使只有一點點也好，想將日本文化傳播到世界上，希望藉由這些事情能看到人們喜悅的臉。

我想做的事即便不是和尚也能做，但也正因為我是和尚才做得到吧。我如此想著來到了美國，現今則在大學教授佛教。

就像我的情況一樣，在現今所處環境中摸索能做的事也是一個方法。

改變環境要花時間。總之不是能在二十四小時內解決的問題。若是如此，就只能在現今所處的環境中思考如何發揮自我。

不論是對現今如何不滿的人，也不要捨棄夢想，去做自己現在能做的事。試著思考一下自己之所以處在現在這個環境是有意義的。不論你認為賦予你的工作有多無趣，對你而言都是有使命在的。

人無法獨自一人活下去，是在與他人互有關連中活著，而其中就有著使命。現在問問自己，賦予自己的使命是什麼呢？這是將自己拉回成為人生主角的必要過程。

一定有活出自我的生存之道。不可能沒有。

禪語錄29

不要與他人比較，
不要生吞活剝他人的價值觀。
你是否是你人生的「主角」？

擔心的類型也有各式各樣，有人淨是在意別人不知道怎麼看自己。別說無法展現出本來的自我，若以他人的評價為基準，就得因當天接觸的人而必須分飾不同的自己。

與爽快的人會面時，為了不讓人發現自己很膽小，就會勉強自己虛張聲勢。若加入某個喜歡跟風的團體，會因為害怕被排擠，而被迫花一小時、兩小時去排沒興趣的隊。

到哪裡都沒有自我。本該是人生主角的自己卻不見了。

其實「主角」在禪語的出處，是來自於中國唐代禪僧瑞巖和尚每天都會叫自己：「喂，主角！」

叫了「主角」後，自己就回答：「有！」再問：「主角，你確實是清醒著嗎！」就回答：「是的、是的！」

要說他為什麼要這麼做？因為人很容易迷失自我。為了不迷失自我，就要每天對自己叫著「主角」。

如果有自覺，發現自己特別在意他人的目光，無法展露本來的自我，要不要養成習慣，每天早上都叫自己「主角」呢？如此一來，在一天的開始就會確實意識到自己是這個人生的主角。

「今天一天也以主角的身分而活吧」「沒有哪部連續劇會忽視主角的心情」「今天出席會議的人，每位都是主角，所以可以提出自己的意見」。

具體想像自己想成為主角的場景也是很有效的。既可以口說出聲，也可以在早上邊做冥想邊在心中進行對話。

雖是像自我暗示、自我催眠一類的，但逐步會顯現出效果來。能確實保有「我」這個身分而不會動搖。

禪語錄30

不論用多少頭銜、名牌裝飾自己，在人生的後半場全都會成為垃圾。

我在修行道場的時候，一個月會進行約兩次的托鉢修行。現在已很少見到會有和尚戴著草笠站在街角，但就一般人的印象來說，那種修行就是單手拿著像碗一樣的鉢，敲著鈴，接受人們施捨金錢與食物。

我最初托鉢的地方是在埼玉縣志木站前的麥當勞。我大學一畢業就立刻進入了修行道場，所以年齡和出入麥當勞的年輕人一樣。

我若是穿著私底下的服裝站在那裡，應該所有人都以為我是在等著和誰會合，但我戴著草笠，所以會被人用白眼盯著看，覺得我是想要錢的不入流者。也有人不避諱地對我投以輕蔑的的目光。

我人生中第一次體驗到自己沒被當人看，自然地就流下淚來，但有了那次經驗，我也能切身得知，用外觀來判斷人的可怕。

我們習慣以外觀來替他人貼標籤，按自己方便來分類每個人。面對與自己有著相似氣質的人，我們願意敞開心胸接觸，但面對與自己不同的人，則會為他貼上「無關係」的標籤並排除在外。

或著更簡單點說，很多情況都是依那個人的地位或頭銜迅速貼上標籤。在美國執教時，我就實際感受到日本人「喜歡頭銜」。

自我介紹的時候，許多日本人都會報出自己所屬企業名稱或大學名稱，與此相對，其他國家的學生則會說說自己有什麼興趣、做什麼工作、正在學習什麼，讓人知道自己是什麼樣的人。

「我是○×公司的Δ□」，對於做出這種自我介紹就結束的人，我會問他：「那麼你想在這樣的集會中學些什麼呢？能做些什麼呢？」結果幾乎所有人都回答不出來。

公司名稱或學校名稱並不會告訴大家你是個怎麼樣的人。

也許過度依賴、強調頭銜與名牌的人正是容易擔心的人。對真人的自己沒有自信，才會用頭銜這種面具拚命隱藏自己的本質。

若深入追究，就會透露出自己的底蘊很淺薄。若每天都和這樣的恐懼心戰鬥，心靈就沒有休息的時間。

可是或許這麼說稍嫌殘酷，但頭銜這種東西，到了人生的後半場，就跟垃圾沒兩樣。因為那絕不是能拯救人心的東西，知道真正的自己在哪裡才是重要的。

在這世間，和取下頭銜的人交往絕對是比較輕鬆。在我主辦的隱退會上甚至不會有名牌。在那裡，意氣相投的人會成為好朋友，之後才會知道與自己友好的對方在大企業中擔任要職。

可是彼此若相知甚深到超越頭銜的地步，之後也不會因這頭銜而蒙蔽了雙眼，戴上多餘的濾鏡。能和一般人一樣交往。

貼標籤只會讓自己主動捨棄好不容易能相遇的緣分。

此外，也有人覺得，面對不認識的人會感到不安，貼上標籤就能有安心感。但反過來看，正因為貼上了標籤，才會讓我們看不到那個人的本質，這只會更激起我們的不安。

若是見到被貼上豁達這個標籤的人因些微小事而生氣，我們就會感到混亂。甚至被貼上穩健踏實標籤的人也可能有賭博習慣而崩壞。

此後請停止為初次見面的人貼標籤吧。如果可以，也試著將舊識身上貼著的標籤撕下來吧。

相信你一定能看到此前未能見到的事物。

禪語錄31

身處沉悶、狹窄的網路世界，
以及與鄰人打招呼的豐富生活，
你選擇哪一個？

為了對方「已讀不回」而憤怒、擔心；相信「愈是忙碌的人回信愈快，這正是在工作上很能幹的證據」，於是三不五時就開啟電子信箱或通訊App確認訊息。

這麼一來就會一直在意手機，在意得不得了。

我經常看見，有人在等紅綠燈的幾十秒鐘、車站月台，甚至上廁所時都拿著手機。

臉書、IG、Line、推特，所有App的本質都是「來玩吧」。只有來玩的人才會和某人有所連結。

雖然這類App會與全世界的人相連結而讓人在意，但另一方面，也會排除掉某人。

歸根結底，這就是個被限制住的世界。即便如此，似乎仍有太多人在這狹窄的世界中被耍得團團轉。

除了在手機畫面中與某人有連結，另一方面，當試著俯瞰在當下的自己，應該會發現自己拒絕了周圍的一切。戴著耳機聽音樂的人也一樣。

在我居住的公寓中，大家也是在搭電梯的極短時間內玩手機，沒有人享受和同乘者對話的樂趣。

可是大家在抵達一樓前的尷尬應該都是一樣的吧。我這麼想著，於是前些天，鼓足了勇氣，主動向鄰居打招呼說「早安」。

結果大家都有回應我。喔！有連結了！我內心感到很開心，然後出現有人向我搭話說：「今天好像很熱呢。」

在現實中取得連結就是這麼簡單。若能主動敞開心胸對待別人，就會獲得用心的回應。此時只要我們打開自己的心房，對方也自然會開啟心房，就能實際感受到人與人之間確實是相連結的。

我認為，這樣的情感正是「幸福感」。可以感受到我們絕不是孤立的。

人與人之間本來就會互相談話。無法這麼做的社會讓人覺得很不舒暢。

透過電子儀器交往而感到疲憊的現在，才更是要讓敞開心胸的交往復活。

雖有痛苦難過的事，
只要與人們緊緊相連，
就能治癒我們的心。

我的女兒們日常是以曼哈頓為居住據點，我希望她們能實際體驗這世界的多樣性，所以我們一年會有一次前往與美國生活環境、習慣、宗教觀不同的國家。此前我們去最多次的地方是印度，但在二〇一七年則是前往與美國剛恢復邦交的古巴。

在古巴，手機沒有傳輸資料時所必須的3G或4G，電話只有本來的通話機能。若是想傳電子郵件或上網搜尋，必須前往有Wi-Fi的五星級飯店周邊。

雖坐在飯店周邊試著發送電子郵件，但其網路環境不是很好，傳送1MB的檔案就要花上一小時。而且還可能會傳送失敗。

入境隨俗，因此我們對此沒有半句怨言。我在此想要告訴大家的是，不被手機或智慧型手機束縛的人們模樣，而非那有多不方便。

古巴絕不是個經濟富裕的國家。在街上，還有一九五〇～六〇年代的美國車在行駛。人們一邊維護一邊很愛惜地開著，偶爾我們坐的計程車在抵達目的前就爆胎了。

可是很幸運的，下了計程車後，眼前就有公車站。我們一家人就從那裡搭乘公車，而古巴人則在公車站邊等公車邊開心聊天。

走在街上，不會碰到邊走邊玩手機的人。在餐廳，也沒看見邊看手機「邊吃飯」的人。在人與人相接觸的地方，住在那裡的人們都滿溢著笑容。

當時我住在美國的奧克蘭，生活水準比古巴高，但人們對社會政治有很大的不滿，治安很不好。古巴與此相反，生活水準不能說高，但人們都生活得很安穩，街上各處都充滿著笑容。我最先想到的是，這不正是人類最根本的生活嗎？

沒有人覺得自己比其他人還特別，大家都是一樣的，我認為他們是實現了以此為前提的溝通。彼此敞開心胸對話，產生出了筆墨難以形容的幸福空氣，好像整條街都在笑。他們不論生活有多苦，似乎都不會懷抱不必要的不安與擔心。

要活下去，什麼才是最重要的呢？

或許有時我們需要試著稍微離開一下自己正在生活的環境。

禪語錄33

珍重相遇的緣分，發自內心把愛贈與名為「家人」的隊友。

「Family is primary」。

無論如何家人都是最重要的。比起工作、比起任何事，家人都應該是最優先的，這是我的信條。

雖然擔心的種子有很多都是發芽自家人，但給予我們支持的也是家人。我認為這點要常記心中。

說起我自己的家庭，我的妻子是非裔美國人，女兒們則擁有日本與美國的雙重國籍。我希望能把女兒們養成可以抬頭挺胸的說自己是日本人或是美國人。

我帶著兩個女兒走在路上時，很多時候都會被人用奇異的眼光盯著看。每次只有我們三人回日本時，在出入境管理處，女兒們都會被問道：「那個男人是誰？」「媽媽在哪裡？」不斷歷經這些事，會讓身為父母的人不得不擔心起，把女兒當日本人養，或是當美國人養，會不會造成她們在身分上的認同障礙？

此外，若單就膚色來說，妻子與小女兒非常像，但最近，小女兒說：「媽咪和我是一國，爸爸和姐姐是一國的。」做出了用膚色來分組的發言，這點也很讓我煩惱。

都說育兒時總會伴隨著擔心，但我會把「現在我能做什麼？」這句話當成口頭禪，隨時隨地思考，一一跨越難關，除此之外，別無他法。

家人是同一個團隊的。因為稱為家人，所以容易將他們的存在視為理所當然，偶爾會撒嬌地想著：「你們都懂我吧。」而忽視他們的存在，或是容易不尊重他們。

可是再轉念一想，既然家族是一個團隊，那麼彼此互相體諒、幫助、合作，不是極其自然的事嗎？

若有人對家人懷抱不滿，請回想起自己是「家族」這個團隊的一員。

只要有家人在的地方，就是自己重要的居所。他們會無條件陪在自己身邊，也是可靠的支持者。

大家是否知道《大娛樂家》（*The Greatest Showman*）這部電影？

這部感動人心的歌舞戲劇電影二〇一七年在美國上映，之後在全世界大為轟動。

出生在貧苦人家的巴納姆與好人家的小姐結婚，生下了女兒。巴納姆從小就是個夢想家，因女兒的一句話為契機，開始步上了演藝界之路。

有侏儒症的男人、彪形大漢、鬍髮濃密的女性、全身刺青的男性、雙胞胎兄弟。他聚集了想隱居於世的人們，開始了所謂畸形秀的馬戲團。

他們的表演盛況空前，巴納姆實現了受到上流社會認可的願望，所以將劇場經營委任他人，著手其他事業。結果他債臺高築，劇場遭受祝融吞噬，巴納姆的妻子放棄了他，帶著孩子回去娘家。

巴納姆失去了一切，但馬戲團的團員們卻前來找他。雖然沒有血緣相連，而且馬戲團的團員們不論是人種、外表特徵還是國籍都不一樣，但巴納姆發現，他們才是自己的歸處，是自己的家人。

若是家人，即便曾失去過信賴也能取回。這部電影告訴了我們，家人才是自己真正閃閃發光之處。

正因為是最貼近我們身邊的人，即便有點不好意思，但你是否仍會每天說「謝謝」或「我愛你」呢？

家人在一起的時間很長，所以容易對過去發生的事生出執著。將眼光放在自己能在這裡生活這點上，現在再重新問自己一次，家人對自己來說是什麼樣的存在呢？

家人是最強的支持者。希望大家要記住這點。

禪語錄34

試著和身旁的人交換任務，了解從對方那裡獲得的體諒。

每年六月，我會和任教的康乃爾大學學生約二十五人一起來日本。我們的目的是不同文化的知識交流，我們會停留約兩週，期間是受到我擔任住持的千葉佛母寺、鎌倉圓覺寺與建常寺的照顧。

其中最大的特色就是，我們停留在日本的期間，飲食都由學生負責。我們分四～五人為一組，在佛母寺時是由我母親擔任指導員，大家在寺院的廚房中輪流料理早、中、晚三餐，從舀飯到配菜都會做好。在寺院中，最先吃的是首座*，負責料理的學生們要等首座用完餐後，才會接著吃。

為什麼要自己做料理呢？

對此我完全不做說明。學生們是透過體驗，自己去察覺並學習。

最初，他們是從有限的食材中思考要做什麼。打開冰箱，以裡面所有之物來料理。我

*註：首座，寺院中地位最高的僧人。

們不會特意出去採購。美國跟日本都正處在飽食時代，使用被給予的食材製作餐食，能教會我們食材的重要性。

而為其他學生所製作的飲食，能讓他們察覺到為他人著想的心。「今天很熱，所以來做冷湯吧」「好入口的大小應該是這樣吧」，也有學生從一邊為別人著想一邊製作餐食中，察覺到了總是為自己製作餐食的父母之愛，也有學生察覺到自己的任性，發現自己總是隨好惡點餐。

被分配菜餚的一方也會想著：「製作這餐飯的人似乎不在這裡，他們在哪裡吃飯呢？我該吃多少才好？」牽掛著為自己做飯的人。

不論嘴上說再多的「要有體諒人的心」，實踐起來都是很難的，但飲食是打造身體的基本，自己也每天都會吃，是生存下去最重要的事項，所以或許容易想像對方的心情。

體貼自己的心若萌芽，就會注意到對方的體貼，若能互相接受彼此的體貼，就能產生信賴，加深羈絆。

若長年一起生活，就很容易理所當然地接受對方的體貼，但建議夫妻或家人們偶爾可以一起動手做、交換任務，試著再次確認從對方那裡獲得的體貼。

禪語錄35

迷惘的時候，專注精神讓人幸福。
那是人最自然的生活方式。

在這追求速度的時代中，日本人非常認真的美德，似乎有時反而讓自己生活得很辛苦。電車要準時抵達、出發，連會被道路狀況影響的公車都幾乎要準時抵達公車站。如果把這些當成理所當然，即便時刻表只有一點不準，人們也無法接受。「我明明都準時到這裡了！」「為了搭這班電車，我可是用跑來的！」等，要求對方做出和自己相同的努力，或是要求完美。

甚至有人為了發洩情緒，而向沒有半分責任的站務員找碴抱怨。

習慣於顧客至上的日本人不斷在喪失一樣東西——寬容。

寬容是源自於體貼而自然形成的情感，失去為對方著想的心時，也就失去了寬容。寬容的大前提是，能接受難以接受的事，若失去了寬容，就會猛然切斷與人或物之間的連結。

我們無法沒有連結而活。就連整天坐在電腦前過日子的人也有電腦，有製作該台電腦的相關幾十、幾百人，若只有自己一個人，連最低限度的生活都過不了。

我們容易遺忘理所當然的事。人就是這樣的生物。因此每天要把一次深呼吸的時間、早上一～二分鐘的時間，以及走路的時間拿來做冥想，讓自己去察覺，正因為是理所當然的事才值得感謝。

這麼一來，就不會忘記與他人間的連結而能活下去，即便某人對自己說了些什麼壞心眼的話，也不會立刻還以顏色，而能冷靜接受並想著：「他現在心情不好吧？」

我不安地想著自己所做的事是否真有助於人時，總是會想要珍惜這些「理所當然」。自遠古以來，人類就很重視與自己一起生存的伙伴間的連結，為了讓彼此幸福而同心協力活了下來。這一點至今不變。

迷惘於生活方式時，就專注於讓人們變幸福這件事上。我認為，這本來就是人最自然的生活方式。

因為付出讓別人幸福，自己也會感到幸福。

第四章

不被擔心事牽著鼻子走，零後悔的生活方式

禪語錄36

不論是工作還是家事，
都繼續現在能做到的事，
留心去幫上某人的忙。

你喜歡現在的工作嗎？若做了不一樣的工作，會有比現在更好的人生嗎？對於是否就要這樣過一生的不安，應該所有人都曾體會過。

暫時離開工作專心於家庭及育兒的人也一樣，或許也對是否會與社會脫節感到不安。

因為我們把人生中大半時間都花在工作、家事、育兒上，若在這些事上感受到不幸，人生就會很苦。

該如何從中跳脫出來呢？這麼想的時候，有很多人會想改變大環境，例如換工作、獨立、取得就職資格又或是離婚等，但是就算改變了環境，也不代表前方就一定有著幸福，此外還容易陷入懷抱不安的漩渦中。

問題沒有辦法一下子就解決。

重要的是去做現在能做的事。從自己現在所在的地方開始。

一切唯心造。一切都是心識變現，所以很多事情都是只要改變心態就能改變。在現今所在的地方其實有很多事可做。

話說回來，人本來就是為了大家而勞作的，對吧？我們腦中會浮現出各種原因，像是為了錢、為了活下去、為了自己。可是若這樣並無法感受到幸福，就必須做出某些改變。

那麼，試著這麼思考看看吧。

為了獲得解脫，所以工作。站在這個觀點上，試著在現在所處的地方，摸索比起為了自己，更是為了能幫上某人忙的工作方式吧！

若是用顏色來區分提案資料中的圖表是否會比較好懂呢？使用完公用的物品後，立刻放回原處，方便別人下次使用。自己所做的事雖只是一顆小小的螺絲釘，但從這顆螺絲釘能誕生出時鐘來，對許多人都有所幫助。必須製作得能刻畫出標準時間，不給人帶來困擾。為了所有家人都能幸福生活，來煮不會給身體帶來負擔的料理吧！

工作與家事都不是會立刻顯現出成果的。「可是想幫上某人的忙。」當你這麼想著的時候，你自己就已開始出現了變化。

不久，你應該就會察覺，來自身邊同事的感謝與笑容，這就是給你的禮物。

禪語錄37

若想做到零後悔的生活方式，就要將環球旅行的心態活用在日常中。

我人生的指針就是「零後悔」。亦即過著沒有後悔的生活。

說起人生百年似乎聽來很久，但從長遠的地球歷史來看，不過是這地球的過客而已。這麼一想，就會覺得今天一天很貴重。會想珍惜當下而活，變得很正面。

例如在兩天一夜的京都旅行中，不會一早就在棉被中拖拖拉拉地不起床，會珍惜時間去巡禮寺院，覺得每一次的飲食都非日常可比。可是對住在京都的人來說，那些都是他們的日常。

即便是在同一個地方，也會因為以不同的態度或心境去接觸，看到大不同的世界。因此希望大家能將自己只是地球的過客這件事常記在心。

若是時日有限的幾天旅程，無法一次就把一切全都看過一遍。因此在不斷煩惱之下，重複了好幾次選擇，例如這次很遺憾地只能放棄去參拜金閣寺，改去清水寺等。

這若是和朋友或家人的旅行，旅程中得配合對方的隨心所欲、受到無法接受的狀況所牽制時，心中就只會留下不滿與後悔。

人生也完全一樣。為了能零後悔地生活，就要自己下決定，這點非常重要。

我在美國住了將近廿年，至今仍有不少人會跟我說：「趕快回來日本吧。」我很謝謝他們的心意，但一想到家人，以及我立志要在世界上傳揚佛教、想成為日本與世界間溝通的橋樑時，若是回去日本，想必我一定會後悔吧。所以至今對我來說，回日本仍是個困難的選項。

雖說如此，但也不是說我就完全忽視來自周圍的聲音或建議。他們的聲音是讓我察覺自己坦率內心的特效藥。

被說著「趕快回故鄉」時，若能換個想法：「雖然也想在故鄉落地生根、很想念故鄉，但在現在所處的地方還有想做的事。」下決定時就會很敏銳，能以堅強的心往前進。

容易擔心的人不小心就會帶進他人目光或社會目光這類沒有實體的要素，想著：「如果不回故鄉，是不是就會被說成是不孝呢？」但請先只考量自己的心情吧。

若能清楚抓住自己坦率的心，就能停止那些思考。

禪語錄38

持續一個月每天把想做的事記在筆記本上。這麼一來，最後就會只留下自己的本心。

大家可以這樣想：若要擔心一堆事，就會在擔心上花費時間。有一種對應的方法是，努力活在當下，就不會有擔心的時間。

但我似乎能聽到很多人如下的心聲：「就算你這麼說，但我不知道該怎麼努力活在當下啊。」

努力活在當下。或許也可以說是享受當下。對自己而言開心的時間，就是熱衷於某件事的時間、以興奮的心情去面對的某件事。

各位應該能很快想起能讓自己興奮的事吧。或許提示就是年幼時以純粹的心情熱衷於玩遊戲、學生時代認真參加社團活動、忘了時間而埋首讀書，自己到目前為止的人生應該有些事會讓你回想起興奮的心情。

可是要找出現今自己想做的事、在現今所處環境中興奮進行的事，或許卻意外地難。

為了努力活用自己的時間，我建議大家可以寫下「想做事項筆記」。

【想做事項筆記】

準備好筆記與筆。

為期一個月。

每天寫下十個自己想做的事。

不論有沒有可能實現，總之每天寫下驀然浮現於腦海中的十件事。過了幾天，若腦中閃過了同一件事，也直接如實寫下。若回想起：「這麼說來，我以前曾想做這個！」也可以在當天寫下這件事。

應該也有日子是怎樣都寫不滿十個的吧？或者也有想做的事超過十個的吧？相對地，也有隨時間經過，想做的心情也隨之枯萎的吧？

總之就是接受如實的自己，持續寫一個月吧！

不要深入去思索。只要書寫。每天書寫。單是這樣，就能驚人地理清自己的心緒，自然能看見自己想做的事。

一個月後，想做的事會只剩下兩到三個，要決定其中最想做的事得花一番心力。我經常會聽到有人這麼說。

這就像是只給予「能好好持續一個月的人」的獎賞，是奢侈的煩惱。面對自己內心的期間，最後會變得無法想到什麼寫什麼，只會留下本心。

禪語錄39

幾歲開始都來得及。
一旦找到想做的事，
就立刻飛奔去做吧！

周圍的人經常說我應該要寫「Be a man」這類書。

綜觀我的人生，我去了修行道場、去過西班牙、來到美國取得博士學位並在大學執教、與美國女性結婚共組家庭，也在日本擔任住持。

很少日本人過著這種破天荒的生活，所以覺得我應該向日本發布一些訊息：不被既有概念所束縛，挑戰精神很重要。

在美國大學中，有很多不同國籍的學生。我任教的課堂上就有印度、新加坡、中國、韓國……等，國際色彩實在非常豐富。可是在這樣的環境中，我感覺到，真的非常少遇到日本人。

一個原因是，在日本國內就有十分令人滿足的豐富物質。比起刻意去冒險，若能在安全的地方，過著還可以的生活……，以這樣的想法過生活。這麼一來，就算想挑戰，也難以下決心，無法跳出框架生活。之前說過好幾次，能做著喜歡的事，度過貴重人生的瞬間，是最幸福的事了。

持續書寫一個月的「想做事項筆記」，察覺到其實自己曾經很想做某件事的心情時，你會怎麼做呢？

許多人是否會開始辯解：「就算這麼說，但我還有工作啊」「反正才一開始也不可能做出什麼大事」「就算這麼說，我歲數也不小了」。

會讓你說出藉口的原形就是擔心、不安。

對改變現在生活的不安。因此擔心看不見的未來。對家人或周遭人反應的不安。擔心生活是否過得下去。

在前一章中我們說過，不論什麼時候，最好都不要改變生活方式，但這是說最好不要因為外在因素而改變。不斷問自己的心，若是察覺到自己的真心，人不論到幾歲都能飛奔入新環境中。

「我的前方沒有道路，路在我的後方形成。」

這是高村光太郎所寫〈道程〉一詩中最著名的一段。

自己前進的道路要用自己的手開拓。這句話給了我勇氣，是我最喜歡的一句話。

若貫徹到底去做真正想做的事，就會遇見能幫助自己的人，最好的時機與環境也會朝自己走來。興奮正具備了能席捲人的力量。

喜悅於碰上真正想做的事，並試著踏出一步看看吧。

禪語錄40

強烈的意志會引來極大的變遷。
道路只為擁有強烈信念的人而展開。

道路會在懷有堅強心智者的面前展開。這是我自己的體驗。

我大學畢業後，在埼玉縣臨濟宗妙心寺派的平林寺專門道場修禪。那個地方是個修行道場。

我在這個修行道場的時候，心中就想著要離開日本到國外去傳揚佛教，我思考著，該如何實現這件事呢？首先就從學英文開始。

修行道場在晚上十點就會熄燈，於是我移動到在這時候唯一有點燈的廁所去學習。禪寺的廁所都有擦拭打掃，所以比大家想像中的還要乾淨，意外地能專注精神（笑）。

我對於離開日本沒有任何具體計畫，就這樣結束了修行。從修行道場出來沒多久，我就聽到了當時上智大學的名譽教授，也是耶穌會牧師的門脇佳吉先生要去西班牙巡禮的事，於是一九九九年的十月，我去了西班牙。這趟西班牙的巡禮是為了紀念「基督教傳來日本四五〇週年」，目的是東西方宗教交流，而這經驗推動了我日後的赴美。

新教與天主教的神父兩人、我與前輩禪僧還有攝影師共計五人，走了約八〇〇公里的路，從聖方濟・沙勿略的出生地澤維爾城到西班牙最北端的天主教聖地聖地亞哥-德孔波斯特拉主教座堂（Catedral de Santiago de Compostela）。我們走了一天後就在能免費住宿的巡禮旅館睡一覺，然後繼續走。途中會遇到從全世界來的巡禮者。即便距離很短，但只要一起走一段路就是「同行二人」。

所謂的同行二人是寫在巡禮四國時戴著的斗笠上文字，指的是在這途中，弘法大師（空海）會一直跟我們在一起。朝向同一目的走去，就會感覺到大家跨越人種、文化與宗教，合而為一。在這之中，自然地會產生對話。進行巡禮的禪僧很少見，所以人們會問我們各式各樣的問題，像是「日本的佛教是什麼？」「日本怎麼看待宗教的？」

我才剛從修行道場結束修行，雖然自以為理解了禪、佛教，但卻答不太出來，他們的問題教會了我，其實我還是什麼都不知道。

自己所學習到的禪，就傳統的立場來看是很一元論的，所以我想要跨出傳統的一步，從客觀的角度重新再學一次。這一定能成為與其他宗教對話的出發點。為深化這樣的想法，二〇〇〇年夏天，我以修行道場為志向、想出發去國外的想法，就以入學康乃爾大學這樣的形式實現了。

感覺好像是自己堅強的心智吸引來了龐大的波潮，並迅速搭上這股波潮，走到現在。

禪語錄41

覺得自己是孤立時，
能讓你感覺到相互連結的話。

覺得為什麼只有自己很苦呢？為什麼自己總是負責吃力不討好的事務？

乍看之下是在羨慕旁人而陷入自我思考中時，試著抬起頭一下吧。走在眼前的人與自己之間有邊界線嗎？在那裡的人和自己有什麼不一樣？

是你自己畫線區分出只有自己是不幸的。自己雖然也很苦，但那個人一定也有苦的時候。這麼想的瞬間，線就消失了，因為察覺到，「不是只有自己不幸」。

不是只有變得消極時才會畫出看不見的線。自滿於只有自己是特別的存在時，也會與他人間畫出線來。

我初次演講時非常緊張。那時候，被我稱為美國恩師的女性告訴我：「你是不是在想著要教大家什麼呢？」讓我吃了一驚。

在會場的人、站在台上的我都同樣是人，然而我卻自己畫出一條線，把自己放到指導者的立場上。

就像這樣，若把自己尊崇成是特別的存在，就會迷失自我。

在寫這本書時，我試著做了實驗。

一開始的十分鐘間，我一邊走在橫貫曼哈頓的萊辛頓大道，一邊想著：「我是特別的！和你們都不一樣」。

結果走在前面的人就變得很擋路。我不禁想著：「為什麼要走在我前面啊！」等紅燈時也會不耐煩地發出「嘖嘖」聲。人格變得很奇怪。

下一個十分鐘間，我改成「大家都同樣是人」這樣的心情，同樣地走著。結果就能看見剛才所看不見的景色了，例如：「這個人心情好像不好」「喔！這個人穿的衣服好氣派喔」等。

同時，即便是早已知曉的事，在同樣是人的價值觀前，不管是眼睛、頭髮、膚色的差異還是國籍都會變得沒什麼大不了的。

就像這樣，若有著自己是很特別的想法，就會和他人之間畫出線來，在情感上也會遠離他人。結果就會因些微瑣事而煩躁，而其他人感受到這樣的氛圍後就會遠離自己，最會就變得孤立。

另一方面，只要想著「大家都同樣是人」「與大家有連結」就會減少煩躁與不安侵入，能感到和所有人都有連結地活下去。

以更為全球化的角度來看，雖然日本與其他國家之間有海洋相隔，但所表現出的也是透過海洋而與國外有所連結。一個念頭、一句話就能決定是否會畫出一條線來。

以我自己本身來說，我非常討厭「心靈與身體」這樣的表現。我認為「Body／Mind」「Body・Mind」這樣的並列標記才是對的，而非「Body & Mind」。

原因大家應該都已經知道了，那就是心與身是相連的。身體會影響心理，心理也會影響身體。這點在醫學上證明了。

心靈與身體是同樣的，不是用「和」畫出線區分開來。

同樣地，「我和你」的表現也不對。所有人都是連結在一起的，單是想著「我的你」「你的我」，就不會區分人我，能體貼他人，安穩過日子。

想著因為某人的錯而淨讓自己受苦時、想批判某人時，只要置換一下語句，變成「我的你」，敵對意識就會瓦解，心情就會舒暢起來。

與不喜歡的人相會，也是某種緣分。
珍惜一起度過的所有時間。

職場、同好會、社區集會、老人會，不論在哪裡都會有一兩個不喜歡的人。佛教經典《Dharmapada》在日本被翻成《法句經》，裡面寫有「沒有不被人討厭的人」，也就是你不可能讓所有人都喜歡你，想要和任何人都順利交往是不可能的。

這聽起來或許很像漂亮話，但人與人的相遇，都是某種緣分。除此之外，別無他故。

請試著想一下。在這廣大的地球，出生於完全不一樣的地方、在不一樣環境中長大的人，於某一年某一天的某一個時間，聚集在這個地方。單是這樣，就會讓人覺得這是場奇蹟性機率的奇遇。

而且和在場人士的交談，也不可能在這地球歷史上重演。

對自己來說、對對方來說，若都能覺得彼此是在共享這貴重的瞬間，自然就會從中產生出尊敬彼此的心情。

即便不喜歡對方，那也不過是那個人的其中一個面向。若只憑那一面就判斷該人整體，對所有人都會有不好的影響。

別把對方視為我討厭的〇〇先生，而是與自己共享那一瞬間的重要對象，就會覺得心靈變輕鬆了。

與其期望這段時間早點過去，不如想著：「即便只有一點也好，想一起度過不會再回來的這段時間」，若能這樣想，自己的態度就會改變。

只要想著在這裡的所有人，都是各自帶著自己貴重的時間前來，就會產生尊重對方的心情。

在現在所處的環境中，試著帶入積極的思維吧！若在你那分積極向前的態度中疊加了他人的共鳴，就會生出和諧。

就像聽到優美的音樂心情會很好一樣，若能擁有愈多讓這空間充滿和諧的正能量，整個房間都會被清爽的空氣給包圍。共有這整段時間的人們，心靈也會變純淨、溫暖，不會出現想怪罪或排擠某人的想法。在此就會與茶道精神「和敬清寂」合而為一了。

那個場所可以是會議室、辦公室、電車內、計程車裡。不論在哪裡，只要想著自己是演奏著和諧樂曲的一人，行為舉止就會發生變化。

第五章

別害怕孤獨與死亡，直到人生最後都要活在當下

禪語錄43

要消除孤獨感，就更要重視一個人的時間。

應該有很多人在晚年時都是一個人度過。原因各有不同，有一直是單身的人，也有家人亡故而獨居的人。

其中或許也有人因為這樣的境遇而覺得自己是「孤獨」的。

我認為，使用「孤獨」這個詞時必須要謹慎。因為孤獨有兩層意思，一是「一個人生活」這種物理性的孤獨，另一個則是「精神上很寂寞」的孤獨。

我將前者歸類為「being alone（一個人）」，後者歸類為「loneliness（孤獨感）」來使用。

最近《極致的孤獨》（極上の孤独）這本書很暢銷，內容主要講的都是「being alone」。我很贊成「一個人不是寂寞，而是高雅」這樣的主張。我想，應該所有人都想過著貫徹本心的生活，不被人牽著鼻子走。

真正的問題在於「loneliness（孤獨感）」。因為晚年懷抱著孤獨感而活是很辛苦的。對年長者來說，其中一項擔心的事，就是「要如何消除這樣的孤獨感」。

不是只有一個人住的時候會感受到 loneliness。即便被家人、朋友圍繞著，其中若沒有「連結」，也會在心底某處萌生出難以言喻的孤獨感。

可是在禪裡，孤獨感也和擔心、不安一樣，被視為湧上來的情緒之一。也就是說，是可以靠自己消除的。

消除孤獨感所必要的，就是「珍惜獨處的時間」。

要消除「loneliness（孤獨感）」，就需要「being alone（一個人）」的時間，有點不可思議吧。

消除孤獨感的答案，不在書中，必定存在於你的心中。

因此必須珍惜獨處的時間，試著問問自己的心。

請安靜地度過坐禪的時間，問問自己真正所求的是什麼。也可以試著寫下「想做事項筆記」。

這樣應該就會一點一滴了解莫名感到孤獨的原因。或許是「想和家人一起生活」，或是「想要有志趣相投的朋友」這類心願。

清楚了孤獨這種模糊情緒的來由時，孤獨就已經從你眼前消失了。

禪語錄44

培育「年老、年齡增長才是美」的文化。

就外國的眼光來看，日本文化看起來是以年輕人為主。在澀谷與原宿這類年輕人聚集的場所誕生出新的流行、電車中的吊牌廣告也凸顯著有抗老化意思的Anti-Aging等文字。

外表保持年輕的人被大力讚揚，若不和年輕人一樣使用智慧型手機就被輕視。可能是我自己也有了歲數，所以對日本這種風潮的強盛有意見。

費盡心血製作的茶碗與漆器、有著美麗日本刺繡的和服與腰帶、有著精緻木工的手工藝日式拉門與屏風。

以堅定自信與鍛造所製成的作品，即便歷經多年到足以被稱為古董的程度，仍舊堅實、氣派。

此外，經由職人手製出來的東西，有著量產品所沒有的表情，單只是拿起來就能感受到製作者的心念與想法。使用者也會變得小心翼翼，珍惜地對待一樣物品。

我們日本人應該要懷有珍惜古董的心，而非去重視以百元商品或快時尚為代表的現代「平價文化」。

但這件事不僅是年輕人，連我們自己都忘了。

我們不能光是去責備年輕人。走在前頭的我們才正是必須以自己的生活方式表現出古董之美。

即便是同年代製作的藝術品，若加工不好生了鏽，或是馬虎處理有了裂痕，價值也會減半。

人的生存方式也完全與此相同。若不重視自己，大腦與身體都會生鏽，單只是勇往直前卻疏於保養，身體各處都會出現故障。

就像費盡心血做的茶碗一樣，要專注在那一瞬間。

讓那一針成為完成美麗圖案所不可或缺的一針，不論碰到什麼情況都不隨便馬虎。

就如纖細的木製工藝品，珍惜與旁人的相遇，就會開出大朵的花。
這樣的人生累積，才能實現古董之美的生活方式。

禪語錄45

活在當下的人，才能跨越珍視之人的死。

年紀大了之後，有人會不斷重複說起過去的光榮事蹟。中年人口沫橫飛地說著學生時代在運動場上很活躍的往事，或是自豪於十年以上的前輝煌業務成績，或是說自己當時很受歡迎（笑）。

過去的光榮事蹟不全都是不好的，但重要的依舊是否對那些過去懷有執著。

若是能成為振奮現今的材料，像是「那時候真努力，所以現在也要努力」，或是如實接受「那時候真好啊，大家都很年輕也很亂來，雖然沒錢但總是笑鬧著」等事實還好，若以過去的光榮事蹟為基礎，說些現今所沒有的事，最好還是斬斷過去，確實注視當下活下去比較重要。

對過去的執著，並不僅限於光輝榮耀。經歷過非常悲傷的事時，那件事也會一直橫亙在心底的某處，成為執著。

我在成人式隔天體驗到的，就是這樣的事。

我和小學時交情很好的朋友隔了八年在成人式上再度見到。他問我：「我想跟你聊聊，之後有空嗎？」我回答說：「我今天有約了，所以不行。我會再打電話給你。」可是他仍不肯罷休地說：「拜託，一下下就好。」我沒能明白他真正的意思，所以再次拒絕了他。

隔天，他跳樓自殺了。我很後悔當時沒分出點時間來給他。我並不認為他和我的談話能使他打消自殺的念頭。但是，如果……這樣的想法怎麼也揮之不去。

為什麼那時候、為什麼我……我有好一陣子都是處於被那件事吞沒的狀態下過日子。可是過了一段時間後，我想通了：「不論自己如何後悔，他都不會回來了。還是來想想現在的我能做些什麼事吧。」我想救助那些像我那才廿歲就殞命的朋友一樣認真思考人生的人。這樣的想法是我成為和尚的一個契機。

想要脫離悲傷的體驗，必須要有能量。「要是那個時候那樣做就好」的想法雖會糾纏我一生，但我現在能做的，就只有不要再重複像當時那樣的後悔。

人生無法重來，人只能往前邁進。

禪語錄46

寫遺書、打掃……
都是為了之後留下來的人。

如果我迎接死亡之際，身體還能動，為了所有家人，我會想把能做的事全部做完。

首先我一定會打掃。自己的事自己了，我會想把客廳、廁所、浴室、廚房等所有自己使用過的地方都清潔乾淨。

最先做完這些事後，因為我喜歡下廚，所以也會為每位家人做他們喜歡的料理。如果是兩個女兒，就是雞腿、味噌炒茄子以及漢堡排（笑）。我會做好這些菜，放入保存容器中，再放進冰箱。

接著洗衣服，丟掉不需要的衣物。

終於做完大半能做的事之後，我會寫信。我會把最重要的事當成祕密放入箱子裡，或許在我不在之後，可以當成禮物送給女兒們。

而我最想說的就是：「能夠相遇真是太好了」。

做完那些之後，接下來就是以悠閒的心情，心懷「感謝」地和家人一起度過。珍重現在在一起的時間，即便有生氣的事，也用「感謝」的心情來面對。

如果臨終前無法說話，或是身體也動彈不得了，為此，在晚年時最好先準備好遺書。所謂的遺書就是以會死為前提所寫的，所以或許會冒出「我明明就還很健康！」這樣的想法；又或者是會顧慮到周圍的人，想做卻做不到。

實際上，我的祖父過了一百歲後仍三點起床到書房寫書，要對現在仍在工作、朝氣十足活動著的人說「請寫遺書」，實在是說不出口。

就我個人來說，遺書是直接尊重亡者本人的意思，所以是很重要的一件大事。認為「之後怎樣都無所謂」的人，也可以把之後的事都交給後人。

若覺得那樣不行，會給後人帶來困擾的人，就該確實留下自己的意向。

寫遺書也是一項重要的日常整理，所以或許也可以和打掃一樣放入待做事項範疇中。我之所以會打掃，是為了讓包含我在內的所有家人都能住得舒適。遺書也是，若想著是為了讓留下來的人能感情和睦的生活，就能毫無抗拒地書寫。

禪語錄47

一直到最後的瞬間，
都要品味出生在這世上的奇蹟。

人從一生下來，就像是所有裝置都已停止般被排好了時程表。凡是有形之物，都一定會有結束。

死不在人生之外，而是人生的一部分。

人們多認為，生命終結後，等在前方的就是死亡，但死其實也包含在生之中。死是生命的過程，若想成是，完成了死，人生才結束，或許多少能緩和對死亡感到恐懼的情緒。

佛陀說，生老病死為人生四苦。不過不可以搞錯的是，死本身並非苦，而是討厭死亡這個不可避免的事實，想抗拒、控制，從中產生出執著來才是苦。

在第29頁中說過，我們都活在現今這個「・」上，但死亡也不過是一個點，雖然會想著死時不知會發生什麼事而膨脹想像，但・・・・

這個點消失時就是死，就能確實感覺到，死亡果然是只是人生的一部分。

若死亡是人生的一部分，就不要只是等待著那個瞬間，要在那之前努力活出自己的人生。若直到最後一個點消失的瞬間人生才算終結，去做能做的事，應該就能滿足地迎接那個時刻的到來。

我的祖父、祖母、父親都在一年內相繼亡故。祖父是一〇一歲壽終正寢，去世前一天還一直在書房執筆寫作。或許是因為看到了祖父那模樣，身為和尚，明明接觸過許多死亡，卻似乎不覺得自己的親屬會死。

然而，死亡會平等地造訪所有人。

我的父親於七〇歲的年紀去世，很多人都說：「明明人生才正要開始」「年輕和尚們的領導人不在了」「走得太早了」等安慰我。

我真的很感謝大家這分心意，面對這麼多人對父親的關心，我只有感謝。

可是另一方面，除了接受到這麼溫暖的言語，我也注意到了自己無法被拯救。雖然花了點時間，但最能讓我釋懷的就是「這就是命數」這句話。這句話最能滲透進我的心，讓我沉靜下來。

死亡會平等地造訪每個人，但活著的時間長短卻是不平等的。然而那也並非我們所能控制，而且理所當然地，活得長，有好也有壞。

即便留下來的人覺得亡者死得過早，但那也是他的命數。是那個人的壽命完結了。透過父親的死，我明白了「只能這麼想」。

那個人被賦予的壽命完結了。這也可以說是活著的目的吧！

若站在這觀點上，立刻就能明白，自殺不是件好事。

這個身體誕生在這世上並活著，這件事本身就是很不得了的機率，是父母給了我們寶貴的生命。此外，這條生命也是繼承了往昔以來先人的ＤＮＡ，已經不是只屬於自己的一條命而已了。

而且佛陀說過「大海撈針」這句話，這句話所要傳達的意思就是，能誕生在這世上，就如同在大海中找出掉落的一根針般困難。

這條寶貴的生命該如何活下去？只要被賦予了生命，就一定要認真面對。

禪語錄48

不論怎麼活都跟死無關。一切都聽從人生最後的「因緣」安排。

人生一旦進入老年，就會在意起自己的臨終之日。只要想，所有事都有開始與結束，就會明白，有終結才是人生。對於能像這樣接受死亡的人來說，應該就不會恐懼死亡了。

希望死時能不痛苦地走，想被家人守護著斷氣。大家應該各有想法，但死法並無好壞之分。是所有人都要走的路。

釋迦因接受了熱情信徒周那所做的飲食供養而去世。對死有所覺悟的釋迦勸告了責備周那的弟子們說：「生者必有死。即便我沒有吃周那做的食物，也會因某種因緣，死在某處」。釋迦臨終前留下了這樣一段話：「周那啊，謝謝你給了我步向死亡的寶貴因緣。」之後就去世了。

沒人能控制因緣。如果會如何死去也是因緣，那就只能聽其安排了。

進入高齡化社會後，近年來在新聞上出現很多關於孤獨死的事件，但這樣的說法很奇怪，那只是死的一種型態，無分好壞。

被留下的人會覺得是不是「讓他感到寂寞了呢？如果能早點發現就好了」，認為孤獨死＝寂寞，但死亡方式無所謂寂寞。只要有一個人為死者感到哀傷，該人在真正的意義上就不能說是孤獨死。不，即便世界上沒有一個人知道他的死，也依舊是「人生最後的寶貴因緣」。

不論是心臟病發突然逝世，還是在醫院護理師與醫師的守護下逝世全都是因緣。與到目前為止如何度過自己的人生沒有一點關係。

不要恐懼死亡、執著死法、等著死亡而活，要能想成是好好終結了這人生，把焦點關注在活著的當下，努力活下去，之後則聽由人生最後的因緣安排。

禪語錄49

在晨風的涼爽中知曉
被偉大之物環抱著。

我最接近死亡的時候是在二十四歲時。我當時在修行道場修行，負責喊修行僧起床。為了不晚於起床時間的三點，某天我在兩點半起來，想要準備梳洗換衣。

可是一起來的瞬間，我的後腦杓就像是受到重擊般劇烈疼痛，測了一下溫度後發現是三九．一度。我在半小時內喝了七次解熱劑，卻一點用都沒有，因為想吐，也去了洗手間好幾次，最後是吐到什麼都吐不出來。

即便如此，我還是勉強叫起了大家，一起吃了早飯，但在之後坐禪時，我昏到了，失去了意識。正好在我旁邊的哥哥發現了我的異狀，把我抬上擔架，送去了醫院。而我自己則什麼都不記得了。

我被診斷為是腦膜炎。是包覆著大腦的腦膜發了炎，這種疾病若放著不管，大腦就會發炎成為腦炎而死。我之後才知道，母親在我床邊不眠不休地照顧了我三天，我的病狀就是這樣，嚴重到讓人擔心是不是不行了。我的狀態即便是出現半身不遂的後遺症也不奇怪，有半年的時間，我都不得不住院。

半年後，時序從冬天轉變成夏季。我終於回到了道場，進入坐禪堂，一個人坐著。坐禪堂的門全打了開來，是與外面連通的空間。我在那兒待了一段時間後，太陽西下，聽到了茅蜩的鳴聲。我察覺了那鳴聲，接著鳴聲漸漸聽起來就像是交響樂似的，突地，茅蜩好像在對我說：「你平安回來啦。」

那時候我心想：「啊，我不是孤身一人啊。」這裡不是有等著我的自然與茅蜩嘛。

我擔任住持的佛母寺創建者山田無文老師在年輕時也曾患過肺結核，住在隔離病房一段日子。一個人度過的時間太長，過得像個活死人般，似乎讓他鑽牛角尖地想著「其實我已經死了吧」。

可是某天，他走出走廊，感覺到吹過的風似乎包圍住了自己。因著那陣風，他想起了在自己周圍總有空氣環繞著，雖然這件事他曾忘了。沒錯，即便是一個人躺在床上，自己也並非孤身一人。

「在晨風的涼爽中知曉被偉大之物環抱著。」

山田無文老師透過這次經驗，詠出了這首詩。

即在已覺悟死亡時，人還是能察覺、學習。再沒有比這更寶貴的了。

結語

希望透過禪的濾鏡，卸下內心的重擔、從擔心中獲得解放、享受生活。雖然想傳達這些事，但我還是說了好多自己的事。試著重讀一遍後，發現雖然有很多令人害羞之處，但我告訴自己，因為不知道哪些話能觸動哪些人的心弦，所以出版了這本書。

活著就是不斷的累積察覺，若本書中的某句話、某一行、某一頁能成為各位的察覺、成為讓各位人生過得更好的心靈支柱，將是最令人高興的事。

人生無常。所有事都有開始也有結束。人世間的一切都是唯心所造。怎麼活，要看自己心靈的模樣而定。因此，請笑著、傾注全力珍惜當下、享受人生，並嚐盡各種滋味吧。

我也是在想透過禪，成為日本與世界連通之橋的夢想途中，但我很珍惜一期一會，想帶著感謝的心度過每一天。

我也誠心感謝有這個因緣，能將自己這樣的想法以書本的形式傳遞給各位。

我打從心底祈願各位能從擔心中獲得解放，作為人生的主角，每天都快樂生活。

松原正樹

國家圖書館出版品預行編目（CIP）資料

給不小心就想太多的你：49 個正念禪語錄,擔心事瞬間消失 / 松原正樹著；楊玉鳳譯. -- 初版. -- 新北市：世茂, 2020.09
面；　公分. --（銷售顧問金典；108）
ISBN 978-986-5408-29-9（平裝）

1.禪宗　2.佛教修持

226.65　　109010012

銷售顧問金典 108

給不小心就想太多的你：49 個正念禪語錄，擔心事瞬間消失

作　　者／松原正樹
譯　　者／楊玉鳳
主　　編／楊鈺儀
責任編輯／李芸
封面設計／走路花工作室
出 版 者／世茂出版有限公司
地　　址／（231）新北市新店區民生路 19 號 5 樓
電　　話／（02）2218-3277
傳　　真／（02）2218-3239（訂書專線）・（02）2218-7539
劃撥帳號／ 19911841
戶　　名／世茂出版有限公司
世茂網站／ www.coolbooks.com.tw
排版製版／辰皓國際出版製作有限公司
印　　刷／世和彩色印刷股份有限公司
初版一刷／ 2020 年 9 月

ISBN／ 978-986-5408-29-9
定　　價／ 320 元